次世代クラウドベース3DCAD

Fusion 360

操作ガイド
スーパーアドバンス編

2020年版

スリプリ（株式会社 VOST）

三谷大暁／別所智広
坂元浩二／大塚 貴
───────● 共著

はじめに

　3D プリンターをはじめ、レーザーカッターや卓上 CNC などの工作機械を使用したデジタルファブリケーションが、より身近になってきました。今までのアナログな方法とデジタルを組み合わせて、新しいモノづくりが手軽にできる世界が広がろうとしています。

　しかし、3D プリンターや CNC を使った新しいモノづくりをするには、3D データを作成する必要があります。3D のソフトは一般的になじみがなく、とても難しそうでとっつきにくそうというイメージが先行しているのが現状です。

　現在、教育現場や仕事の中で 3D ソフトに触れる機会は「専門知識」として修得する以外には皆無です。今後 3D プリンターの普及と同時に、小学校の工作の時間に 3DCAD に触れることが当たり前になれば、「なんだ、3D ソフトって簡単なんだ」という認識も広がってくるかもしれません。

　私たちスリプリは、3DCAD/CAM メーカーで実務経験を積んだ「3D ソフトのプロフェッショナル」として、3DCAD は難しくないことを広めたいと考えています。文書を作成するのに Word を、表やグラフを作るのに Excel を使うように、3D データを作るのに CAD を使うことが当たり前になり、誰もがモノづくりを身近に感じることができる世界を目指しています。

　本書は、2014 年 6 月より定期開催している「スリプリ Autodesk Fusion 360 CAD セミナー」から生まれました。よりわかりやすく、より丁寧にをモットーに進化を続けてきたセミナーは、アンケートの 9 割以上で「大変満足」をいただいております。

　全国で定期開催中ですので是非ご参加ください。

　「スリプリ　セミナー」で検索！
　http://3d-printer-house.com/3dcad-campus/

　本書は初心者目線で専門用語をかみ砕いた楽しい題材を基に、基本的な機能や 3D データを作成する際の考え方を身に付けていただける内容になっています。是非楽しみながら学んでいただき、「欲しいモノをいつでも作れる」すばらしさを体験してください。

　You can MAKE Anything!!
　Let's enjoy 3D!!

Fusion 360 の特徴

　Fusion 360 は、オートデスク株式会社が開発を行っている 3 次元 CAD です。オートデスク株式会社は 1980 年代から 2 次元 CAD を販売し、CAD という分野を作り上げた企業です。また、3DCG の 3 大ソフトウェアを買収するなど、CAD と CG 両方の技術に長けた企業です。

　Fusion 360 はそれらの技術を利用し、クラウドベースという新しい概念を取り込んだ最新のソフトウェアです。通常は高価格帯でしか実現していなかった多彩な機能が、安価（ビジネス用途以外は現状無料）で提供されています。

Fusion 360 の動作環境

- Apple® macOS ™ Mojave v10.14、Apple® macOS ™ High Sierra v10.13、Apple® macOS ™ Sierra v10.12
  ※ Mac® OS® X v10.11.x（El Capitan）のサポートは、2019 年 1 月で終了しました。
- Microsoft Windows 7 SP1、Windows 8.1、Windows 10（64 ビット版のみ）
- CPU：64 ビットプロセッサ（32 ビットはサポートされていません）
- メモリ：3GB の RAM（4GB 以上を推奨）
- ADSL 以上のインターネット接続速度
- ディスク容量：最大 2.5GB
- グラフィックスカード：GDDR RAM 512MB 以上（Intel GMA X3100 カードを除く）
- ポインティングデバイス：マイクロソフト社製マウスまたはその互換製品、Apple Mouse、Magic Mouse、MacBook Pro Trackpad

※ 2019 年 11 月現在
※動作環境はリリースごとに更新されます。公式ホームページより最新情報をご確認ください。

特徴 1：わかりやすいユーザーインターフェイス

　ソフトウェアの使いやすさはわかりやすいユーザーインターフェイスから生まれます。各コマンドには作成できる形状のアイコンが付いており、どのような操作ができるのかを直観的に理解できるため、初心者でもなじみやすいインターフェイスになっています。

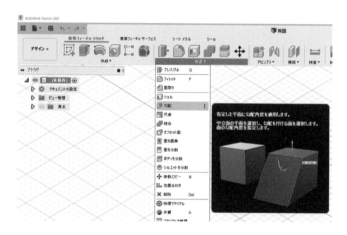

特徴 2：多様なコマンド群

　無償の 3DCAD は、無償が故にコマンドが少なくなっており、曲線を描いたりカタチを作ったりする際に多くのステップが必要になっていました。Fusion 360 は、多様なコマンドにより、より直観的に、より早く、モデルを作ることができるようになっています。

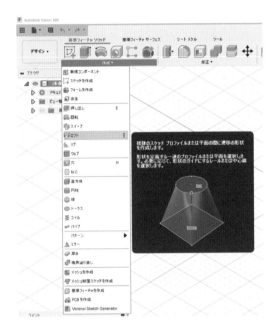

特徴 3：履歴管理機能

　どのようにカタチを作成してきたか、という履歴情報が付いているため、いつでもカタチを編集することができます。これは一般的には高価格 CAD にしか付いていない「パラメトリックモデリング」という方法で、数字を変えるだけで簡単に大きさを変えたり、複雑なカタチに変更したりすることができます。3D プリンターで造形してみたけど、ちょっとカタチを変えようかな、少しサイズが大きなものがほしいな、といったときに、無償の 3DCAD ではデータを一から作り直す必要があることがほとんどです。Fusion 360 の履歴管理機能を使うと、3D プリンターの「すぐにほしいものが作れる」というメリットを最大限に生かすことができます。

▍特徴 4：滑らかな曲面作成機能

　通常、大きさの決まったモノを作るには CAD、滑らかな曲面を持ったモノを作るには CG という、別々のソフトを組み合わせるしかありませんでした。Fusion 360 は CAD が不得意としていた滑らかな曲面を作る T スプラインという新しい機能を持ち、粘土細工のように直観的な操作で滑らかな曲面を作成できるようになっています。また、大きさをきちんと決めた CAD 機能との組み合わせが可能なため、2 つのソフトウェアを修得する必要がなくなっています。

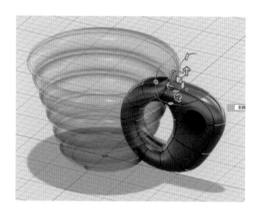

▍特徴 5：板金モデル作成機能

　板金モデルとは、金属の板を曲げてつくるモデルです。実際に作成できるように角には曲げが自動で入り、重なってしまう部分も自動で調整してくれます。また、板金モデルは板状のモデルに簡単に変換できるため、実際に必要な材料の形が得られます。
※本書では板金機能の使用方法はご紹介しておりません。

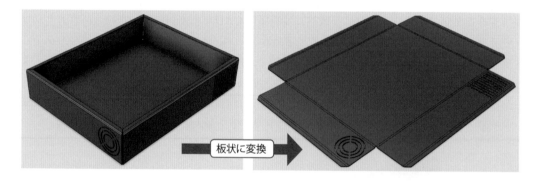

板状に変換

特徴6：コラボレーション機能

Fusion 360 は最新のクラウド統合型 CAD となっており、ウェブブラウザはもちろん、Android や iPhone のアプリでデータを開くことも可能です。

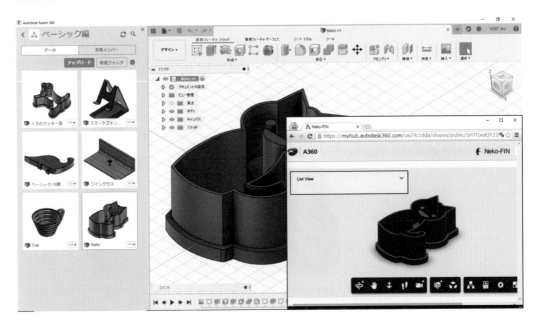

特徴7：レンダリング機能

作ったカタチを写真で撮ったかのようなリアルな画像で表現できる機能、それがレンダリング機能です。

通常この機能だけで専門ソフトウェアが必要でしたが、Fusion 360 には標準搭載されています。3D プリントする前に完成イメージをつかんだり、作ったものをウェブで紹介したりする際に利用できる、非常に楽しい機能です。

特徴 8 : アセンブリ機能

　複数の部品を作成する場合、組み立てた際に干渉してはまらないことがないか、可動部品を動かしたときに正しく動くか、といった検証をすることができます。Fusion 360 では一般的な3DCAD に搭載されているパーツ同士の組立機能に加え、隣接する部品を簡単に設計するための機能が多彩に用意されています。

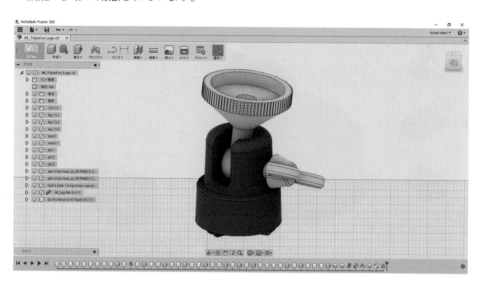

特徴 9 : 解析機能

　設計段階で、強度が弱く壊れる可能性がある箇所や、どのように変形するかをシミュレーションすることができます。

　実際にモノを作らなくても強度を強くできるため、試作の回数を減らすことができます。

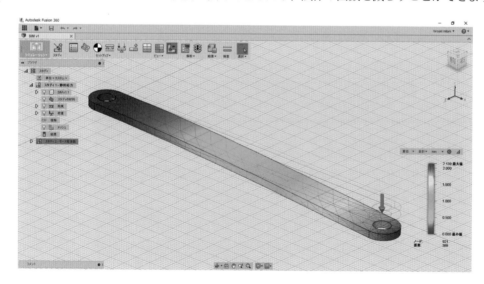

▌特徴 10：CAM 機能

　木材やプラスチック、金属などを削ってカタチを作る CNC 工作機械を動かす頭脳となるのが CAM というソフトウェアです。通常は CAD ソフトと CAM ソフトは別のソフトになっており、それぞれのソフトを学ぶ必要がありましたが、Fusion 360 はその両方をシームレスにつないで使用することができます。

※本書では CAM 機能の使用方法はご紹介しておりません。

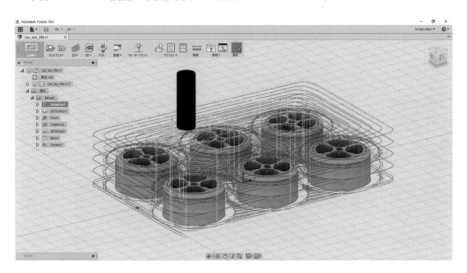

▌本書の使い方

　本書で使用するデータ及び課題の解答は、ウェブサイトにて公開をしております。

　以下の URL を検索し、巻末の袋とじ内に記されているナンバーを入力してデータをダウンロードしてください。

　「スリプリブック」で検索！

　https://cad-kenkyujo.com/book/

スリプリブックをご活用いただくために会員登録をお願いしております。

Fusion 360 はアップデートが頻繁に行われるため、書籍を十分に活用いただけるよう、次年版出版までのアップデート情報や有益な情報を発信しております。会員登録後、課題データのダウンロードおよび、課題解答を見ることができるようになります。また、会員登録していただくことで、本サイトに掲載されている会員限定のコンテンツのダウンロードが可能になりますので、今後の学習に是非お役立てください。

スリプリブック課題解答一覧とデータダウンロード

Autodesk Fusion360の人気講座が、「スリプリブック」としてついに書籍化！

このページでは、スリプリブックの**解答の確認と課題に使用するデータのダウンロード**ができます。
該当する書籍の「**課題解答・データダウンロード**」ボタンをクリックしてください。

※ 最新バージョンに対応した改訂版もこちらから見ることができます。

[ベーシック編]

課題解答・データダウンロード

[アドバンス編]

課題解答・データダウンロード

[スーパーアドバンス編]

課題解答・データダウンロード

[CNC・切削加工編1]

課題解答・データダウンロード

[CNC・切削加工編2]

課題解答・データダウンロード

　本書は、手順を追いながら操作できる演習と、それに関連する課題が用意されています。演習を行った後、課題にチャレンジしてみてください。

　課題の解答も、上記 URL よりご覧いただけますのでご活用ください。

　本書の内容は、2019 年 11 月時点での内容となっております。Fusion 360 がアップデートされたことにより、本書の手順通りに操作ができないなどの情報もこちらのウェブサイトに掲載しておりますので、併せてご覧ください。

※本ウェブサイトは予告なく変更する可能性がありますので、あらかじめご了承ください。

公式掲示板「コミュニティフォーラム」のご紹介

　「コミュニティフォーラム」はオートデスク公式の Fusion 360 掲示板です。ユーザーが自由に質問などを書き込むことができ、オートデスクスタッフだけではなくユーザー同士で問題解決をする交流の場になっています。また、検索することもできるため、機能把握や問題解決に是非ご活用ください。

　「コミュニティフォーラム」は Fusion 360 のヘルプメニューの [コミュニティ] - [フォーラム] をクリックする事でアクセスできます。

CAD CAM CAE の使い方や最新ニュースサイト「キャド研」のご紹介

　「キャド研」では、本書で紹介しきれなかった Fusion 360 の最新情報や便利な使い方の動画、すべての設定項目について説明したコマンド一覧などを公開しております。

　また、Fusion 360 のエバンジェリストから Fusion 360 のブロガー、はたまたものづくり女子大生まで、様々な Fusion 360 に関する記事が読めるサイトとなっております。

　本書を学んだ後のスキルアップツールとして是非ご活用ください。

「キャド研」で検索！

https://cad-kenkyujo.com/

企業向けサービス「BIZ ROAD（ビズロード）」のご紹介

　株式会社 VOST では、企業で Fusion 360 を活用いただけるよう、Fusion 360 の企業向けサービス「BIZ ROAD」をご用意しております。本書で取り上げる Fusion 360 の CAM 機能を利用し、マシニングセンタを始めとする産業用工作機械をフル活用するには、教育セミナーでの教育や、ポストプロセッサのカスタマイズが不可欠です。

　ソフトウェアを使用する技術者様の早期育成に、是非ご活用ください。

　「ビズロード」で検索！

　http://bizroad-svc.com

Fusion 360 のインストール方法

① 公式ウェブサイト（http://www.autodesk.co.jp/products/fusion-360/overview）より、「無償体験版 ダウンロード」ボタンを選択し、ダウンロードします。

② ダウンロードが自動的に始まります。

ダウンロードが始まらない場合は、「もう一度試してください。」をクリックし、ダウンロードします。

③ダウンロードしたファイルをダブルクリックし、インストールします。

④Autodesk アカウントをお持ちの方は、メールアドレスとパスワードを入力して「サイン
イン」します。Autodesk アカウントをお持ちでない方は、「アカウントを作成」を選択し、
ユーザー情報を入力します。

Fusion 360 の公式 Facebook ページでは、Fusion 360 の新機能をはじめ、「Fusion 360 Meetup」などのイベント情報などが紹介されています。

Facebook を利用されている方は、最新情報を見逃さないようにページへの「いいね！」をしてみてください。

「Fusion 360 Japan」で検索！
https://www.facebook.com/Fusion360Japan/

また、Twitter および Youtube にも公式アカウントがございます（「Fusion 360 Japan」で検索）。

Twitter https://twitter.com/Fusion360Japan?lang=ja
Youtube https://www.youtube.com/channel/UCqmZCkX0ZYFywI5RxeQht6A

本書の全体の構成

スーパーアドバンス編では、ベーシック編、アドバンス編の内容を踏まえて、より実践的なモデリング手法や設計方法を学ぶことができます。モデリングを早くするコツや、より便利な使い方も学べる充実した内容です。Tスプラインモデリングを利用して複雑に曲がった3Dモデルの作成方法や、アセンブリ機能を利用した複数部品の作成方法を学習できます。

第1章：データ構造の概念と「ボトムアップ設計」、
「トップダウン設計」の2つの設計手法を学びます。。

第2章：ボトムアップ設計の手法を学びます。

第3章：トップダウン設計の手法を学びます。

第4章：ボトムアップ設計とトップダウン設計の組み合わせたデータ作成を学びます。

第5章：部品同士の組み合わせてる時の位置決めと動作の設定方法を学びます。

第6章：2次元図面の作成方法を学びます。

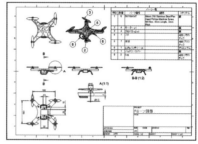

第7章：組み立て・分解アニメーションの作成方法を学びます。

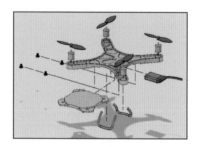

第8章、第9章：解析方法を学びます。

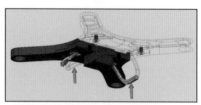

第10章：メッシュデータ（STL データ）に合わせたモデリング方法を学びます。

目　次

第1章

ボトムアップ設計と
トップダウン設計

次の内容を学習します。

- 複数部品を使ったアセンブリ（組立品）の概要
- ボトムアップ設計とは
- トップダウン設計とは

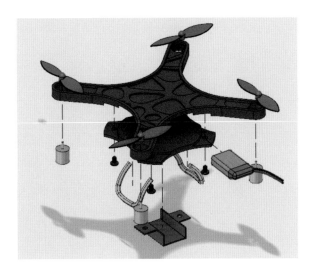

1.1 複数部品を使ったアセンブリ（組立品）の概要

　単品部品を Fusion 360 でモデリングすることで、すぐさま 3D プリンターで出力ができます。ただし、1 部品で完結するものは少なく、多くのものは複数部品から成り立っています。複数部品を Fusion 360 の中でモデリングし、組み立てることで、各部品が干渉しないかどうか、可動した際に問題なく動作するか、組立時に問題がないか、などの検証を行うことができます。

　これら組立品のことを「アセンブリ」と呼びます。多くの場合、部品が複数組み合わさって 1 つのユニットを形成し、それらのユニットが組み合わさってフルアセンブリとなります。

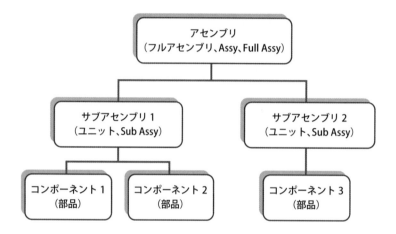

1.2　ボトムアップ設計

　既製品の部品や、すでにある部品を流用して組み立てて製品を完成させる設計手法です。プラモデルのようなイメージです。

　Fusion 360でこの設計を行う際には、各部品を別々のドキュメントで作成し、1つのドキュメント内に配置していき、組み立てます。

　すでに作成された部品を組み立てるため、各部品がどのように組み合わさるのか（固定されるのか、スライドするのか、回転するのか）という「ジョイント」を設定することで組み立てられます。

メリット
- 部品ごとにファイルを作成するため、データの管理が容易で部品を探し出しやすい
- 他の組部品で部品の流用が容易

デメリット
- 隣接する部品を新たに作ろうとする場合、別ファイルで作成する必要があるため、設計作業が煩雑になる。
- あらかじめどのようなアセンブリ構造になるかを想定しながら組み立てる作業を行う必要がある。

1.3 トップダウン設計

製品全体のレイアウトを決めてから、詳細の部品の設計を行う設計手法です。

Fusion 360でこの設計を行う際には、1つのドキュメント内で複数の部品を作成し、1つのドキュメント内に配置していき、組み立てます。

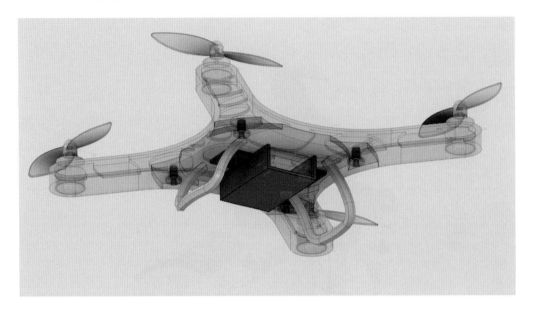

1つのドキュメント内で隣り合う部品をモデリングしていくため、スケッチなどで拘束を付けながら組み立てていきます。

メリット

- 1ファイルの中で部品を新たに作っていくため、構想設計や隣接設計が行いやすい。
- アセンブリ構造は作成しながら構築してゆけばよい

デメリット

- 1ファイルの中に複数の部品が作られるため、部品データの管理が煩雑で部品を探し出しにくい
- 他の組部品で部品を流用しづらい

ある製品を作成する場合、既製品の部品と新たに作る部品を組み合わせながら製品を完成に近づけることがほとんどでしょう。そのため、実際には上記の「ボトムアップ設計」と「トップダウン設計」を組み合わせながら設計を進めていくことがほとんどです。

Fusion 360はこの両方の設計手法を快適に行うことができるようになっています。

第**2**章

ボトムアップ設計に
ついて学ぼう〜机

次の内容を学習します。

- ●ボトムアップ設計
- ●［アセンブリ］-［ジョイント］の使い方

2.1 この章の流れ

この章では、机を作成しながら、ボトムアップ設計の手法を学びます。

基準とする天板を配置します（2.3、2.4 節）。

脚を組み合わせます（2.4 節）。

横貫を組み合わせます（2.4 節）。

2.2 Fusion 360 の初期設定の変更

　一般的には Z 軸を高さとした座標系がほとんどです。Fusion360 の座標系の初期値も、Z 軸が高さ方向となっています。

本書でも、Z軸を高さ方向として進めますので、念のため設定を確認しておきましょう。
［ユーザー名］-［基本設定］を開きます。

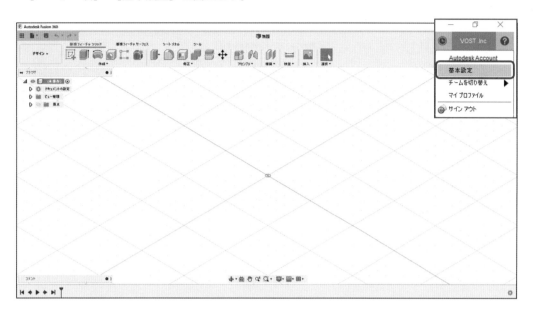

「一般」で「既定のモデリング方向」を「Z（上方向）」に設定し、［OK］で確定します。

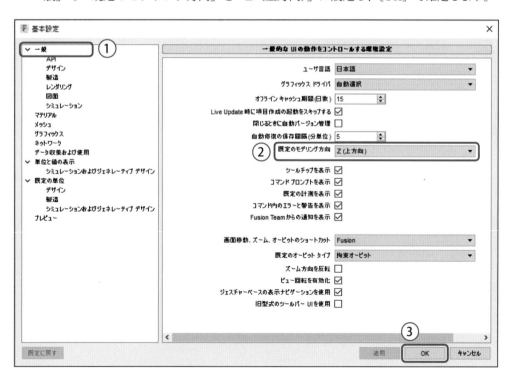

［一般］-［デザイン］の「参照された自動投影エッジ」を有効にします。

 「参照された自動投影エッジ」を有効にすることで、線を描く時に利用した形状のエッジが自動で線として作成されます。

2.3 部品データのインポート

データパネルを開き、[アップロード]ボタンを選択します。

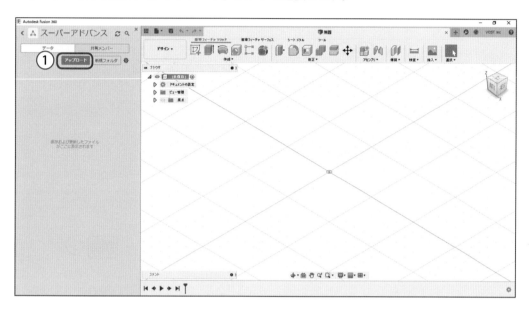

[ファイルを選択]を選択し、6個の部品のバックアップファイル(.f3d)を選択して[アップロード]ボタンを選択します。

アップロードが完了したらデータパネルに表示されます。

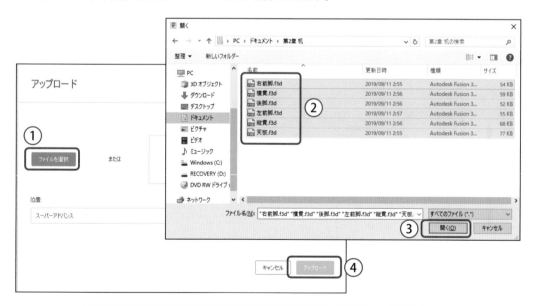

使用するデータは、以下のURLからダウンロードできます。
　　https://cad-kenkyujo.com/book/（「スリプリブック」で検索）
「ボトムアップ設計（机）」フォルダに入っているファイルを使用します。

2.4 アセンブリデータの作成

　［ファイル］-［新規デザイン］で新しいドキュメントを開き、［ファイル］-［保存］で、ダウンロードファイルをアップロードしたプロジェクトと同じプロジェクト内に保存します。

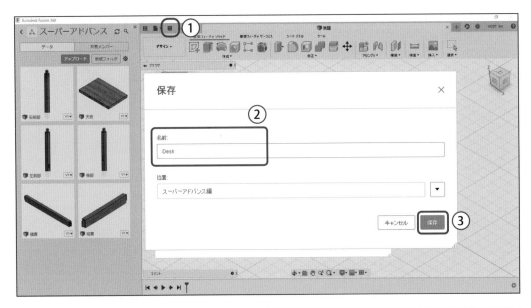

 ワンポイントアドバイス　アセンブリファイルとして複数部品を挿入するドキュメントは、保存してある必要があります。

　データパネルから「天板」を右クリックし、［現在のデザインに挿入］を選択します。

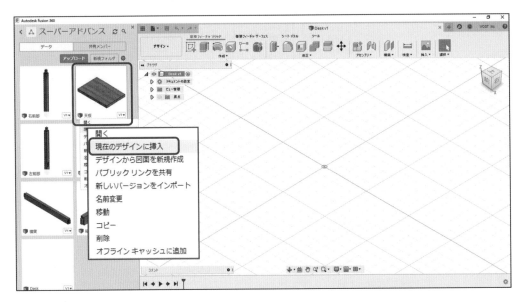

データパネルからファイルを画面上にドラッグ＆ドロップすることでも挿入できます。

[OK] を選択し、天板を配置します。

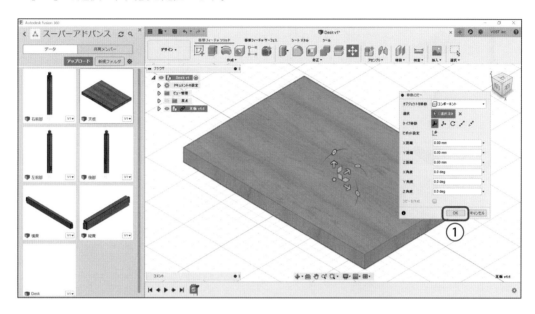

データパネルから「左前脚」を右クリックし、[現在のデザインに挿入] を選択して配置します。

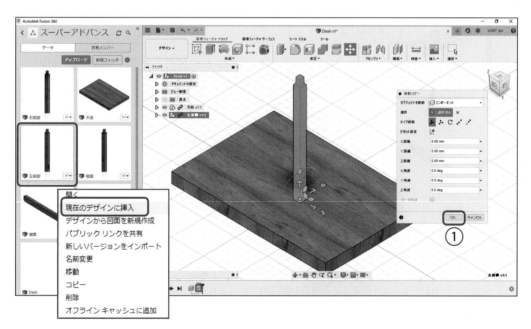

　[アセンブリ] - [ジョイント] を選択し、左前脚の接合面の中心のジョイント原点を選択します。

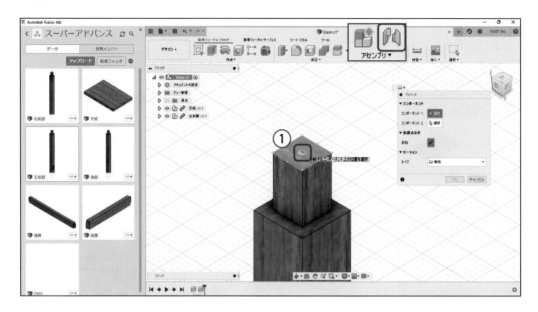

　下から見た画面にし、机裏面の脚挿入部の中心のジョイント原点を選択します。

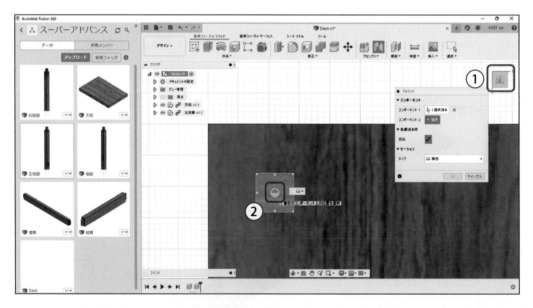

マウスを乗せると表示されるマークは「ジョイント原点」と呼ばれるものです。配置する部品のジョイント原点と、配置先の部品のジョイント原点の向きを合わせることで部品を正しい位置に配置できます。

貫を差し込む挿入部が内側に向いていることを確認し、「タイプ」を「剛性」に設定して確定します。

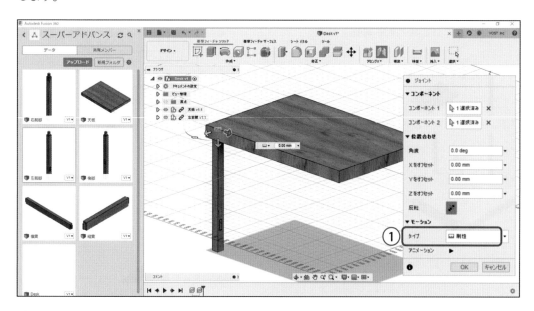

データパネルから「右前脚」を右クリックし、[現在のデザインに挿入] を選択して配置します。

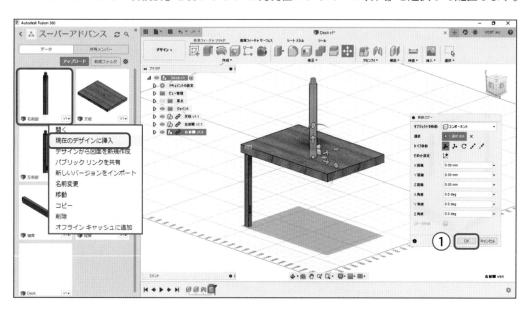

［アセンブリ］-［ジョイント］を選択し、右前脚の接合面の中心のジョイント原点を選択します。

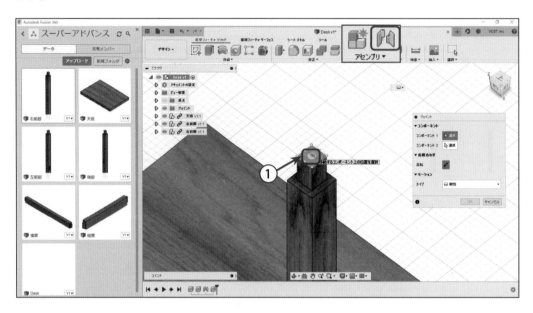

下から見た画面にし、机裏側の脚挿入部の中心のジョイント原点を選択します。

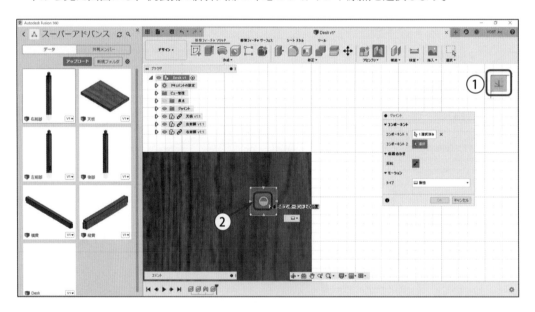

貫を差し込む挿入部が内側に向いていることを確認し確定します。

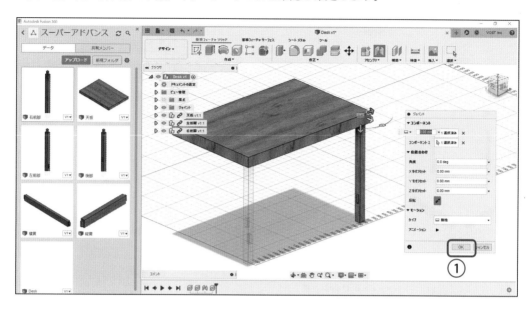

　データパネルから「横貫」を右クリックして［現在のデザインに挿入］を選択し、挿入部が見えるように上に 150 mm ほど移動させて配置します。

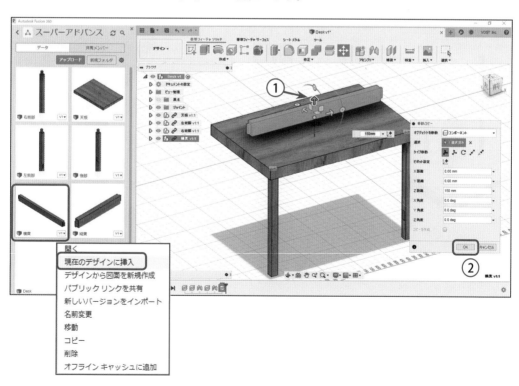

［アセンブリ］-［ジョイント］を選択し、横貫の接合面の中心のジョイント原点を選択します。

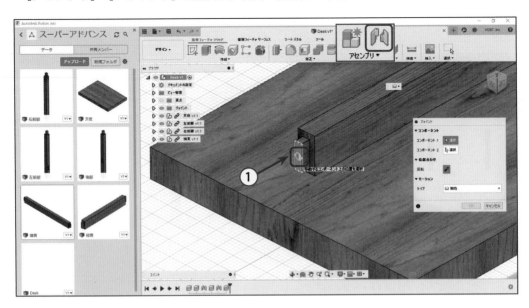

前脚内側の挿入部の中心のジョイント原点を選択します。

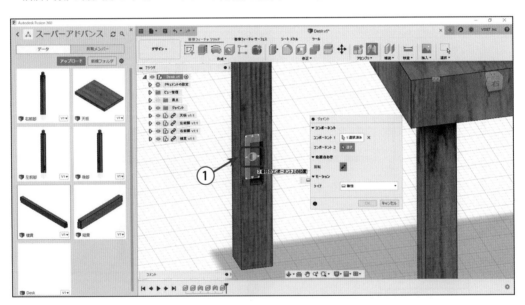

位置を確認し確定します。

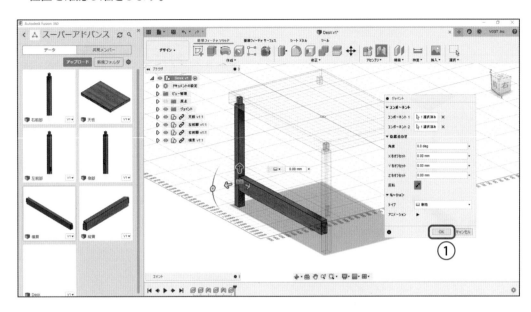

データパネルから「後脚」を右クリックし、[現在のデザインに挿入]を選択して配置します。

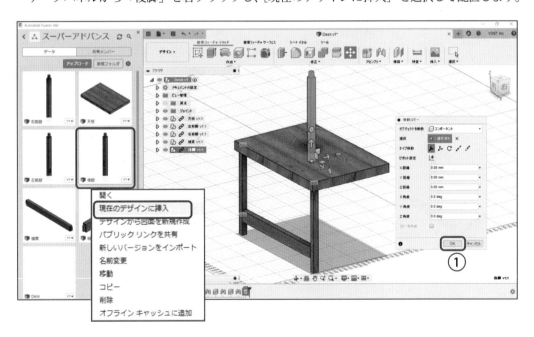

［アセンブリ］-［ジョイント］を選択し、後脚の接合面の中心のジョイント原点を選択します。

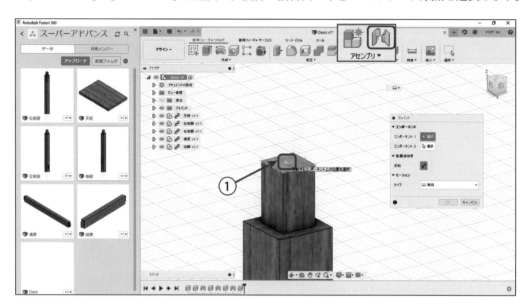

下から見た画面にし、机裏側の脚挿入部の中心のジョイント原点を選択します。

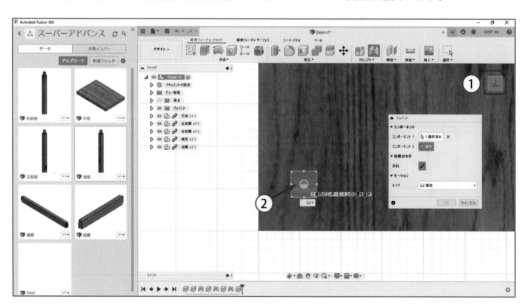

位置を確認し確定します。

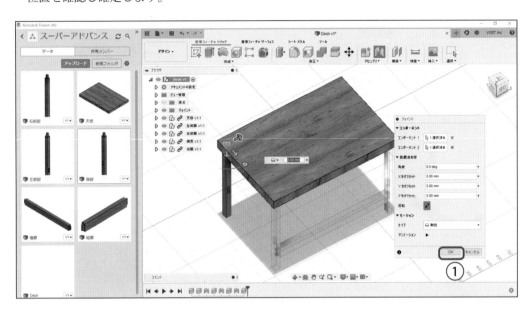

データパネルから「後脚」を右クリックし、[現在のデザインに挿入] を選択して配置します。

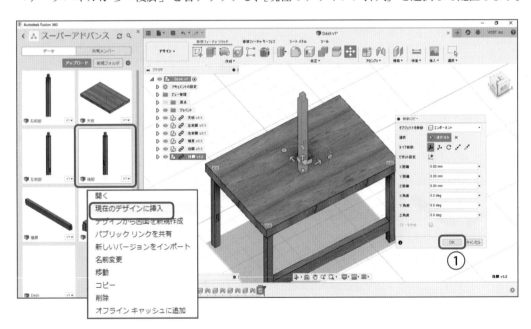

　［アセンブリ］-［ジョイント］を選択し、後脚の接合面の中心のジョイント原点を選択します。

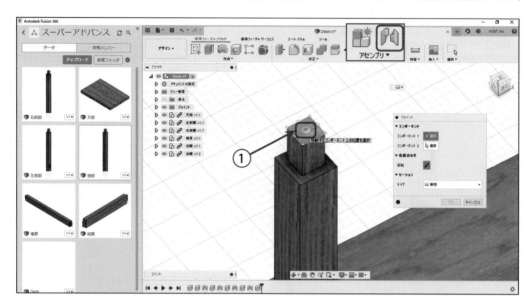

　下から見た画面にし、机裏側の脚挿入部の中心のジョイント原点を選択します。

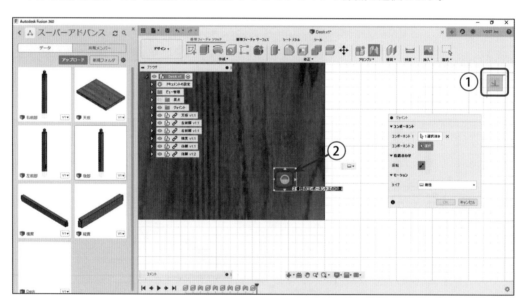

位置を確認し確定します。

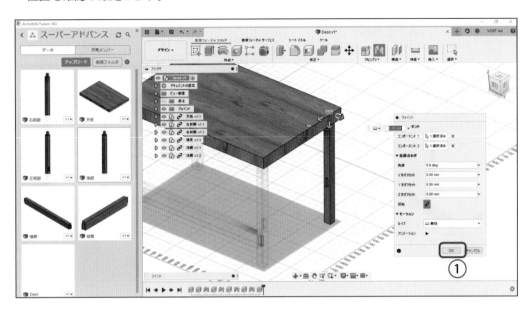

　データパネルから「縦貫」を右クリックして［現在のデザインに挿入］を選択し、挿入部が見えるように上に150 mmほど移動させて配置します。

［アセンブリ］-［ジョイント］を選択し、縦貫の接合面の中心のジョイント原点を選択します。

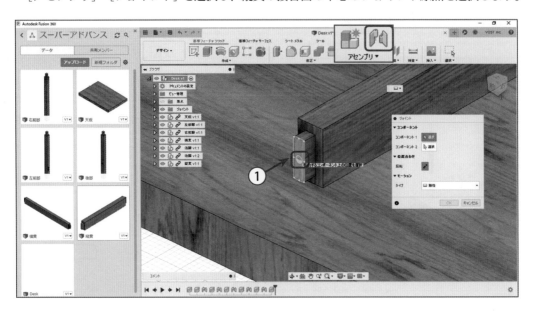

前脚後側の挿入部の中心のジョイント原点を選択します。

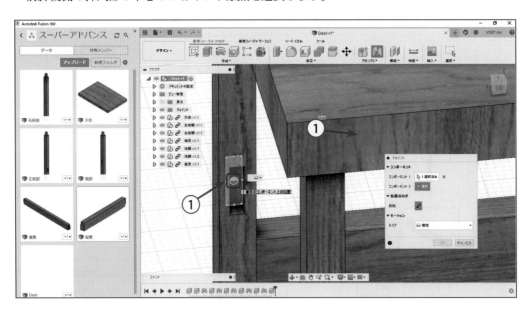

位置を確認し確定します。

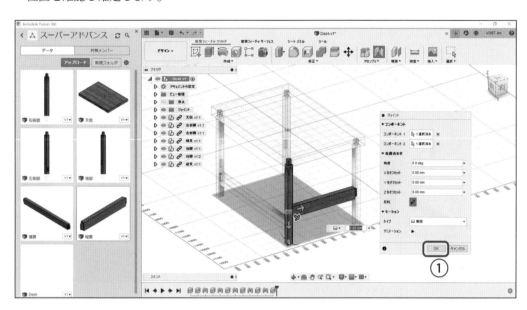

データパネルから「縦貫」を右クリックして［現在のデザインに挿入］を選択し、挿入部が見えるように上に150 mm ほど移動させて配置します。

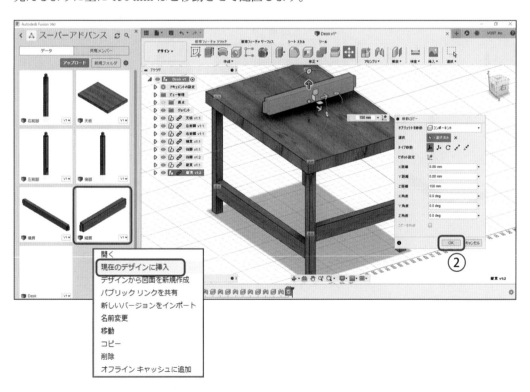

[アセンブリ] - [ジョイント] を選択し、縦貫の接合面の中心のジョイント原点を選択します。

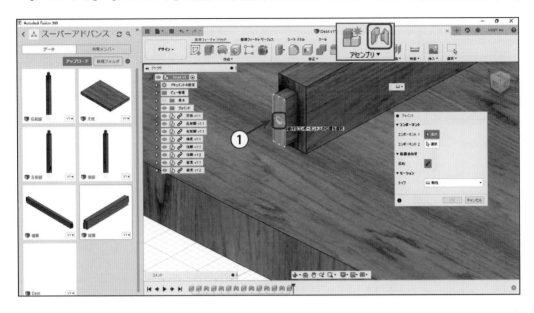

前脚後側の挿入部の中心のジョイント原点を選択します。

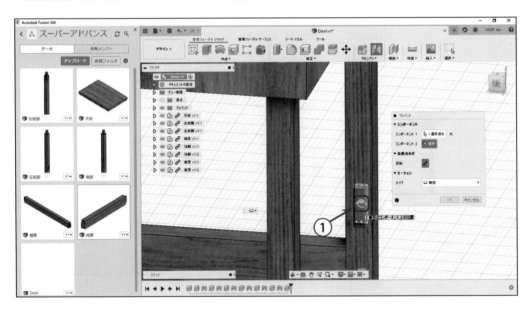

位置を確認し確定します。

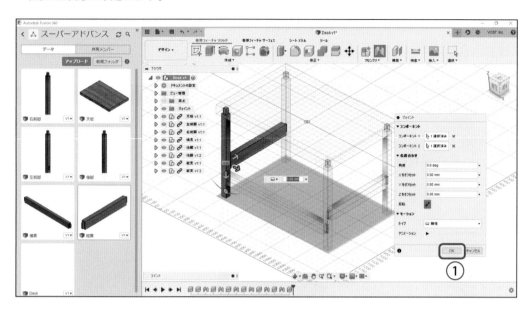

完成です！

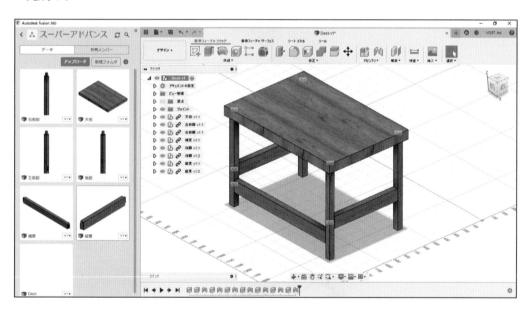

2.5 課題『椅子』(ボトムアップ設計)

以下の画像の椅子を作ってみましょう。

完成品

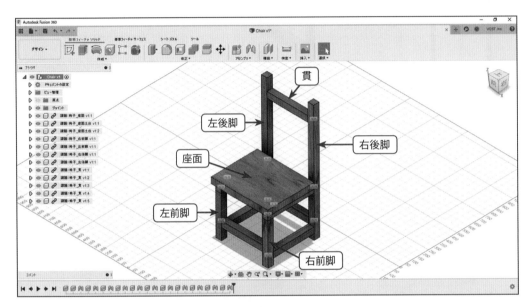

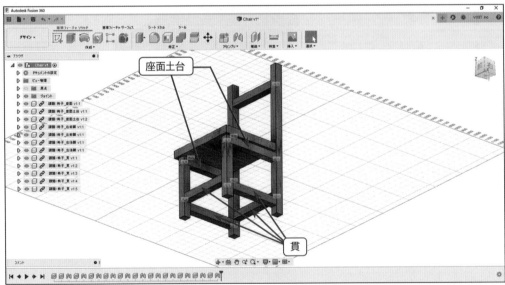

作成の条件

● 部品のデータは、以下の URL にアクセスし、巻末の袋とじ内に記されているナンバーを入力してダウンロードしてください。

    https://cad-kenkyujo.com/book/（「スリプリブック」で検索）

●「座面」を基準に組み立ててください。

● すべての部品が固定されるようにアセンブリを作成してください。

作成のヒント

※以下の作成方法はあくまで一例です。いろいろな作り方を試してみてください。

① データパネルの［アップロード］で、使用する部品データをアップロードします。

② 配置先のデザインを、任意の名前で［保存］します。

③「座面」を配置して基準にします。

④「座面土台」を配置します。

⑤「右前脚」と「左前脚」を配置します。

⑥「右後脚」と「左後脚」を配置します。

⑦「貫」をそれぞれの脚の間に配置します。

今回のモデル作成のための推奨コマンド

●［現在のデザインに挿入］

●［アセンブリ］-［ジョイント］-「タイプ：剛性」

解答

解答は、以下 URL にてご紹介しております。

    https://cad-kenkyujo.com/book/（「スリプリブック」で検索）

第**3**章

トップダウン設計に
ついて学ぼう
〜ダストボックス

次の内容を学習します。

- トップダウン設計
- ボディをコンポーネント化する方法
- 複数部品の隣接設計

この章では、ダストボックスを作成しながら、トップダウン設計の手法を学びます。

ベース形状を作成します（3.2節）。

2つに分割して、部品情報を付けます（3.3節）。

フタを作り込みます（3.4節）。

フタのスイング部を作ります（3.5節）。

ジョイントで動きを定義します（3.6節）。

3.2 ベース形状の作成

［作成］-［フォームを作成］を選択し、［フォーム］モードに移行します。メッセージが出たら［OK］を選択します。

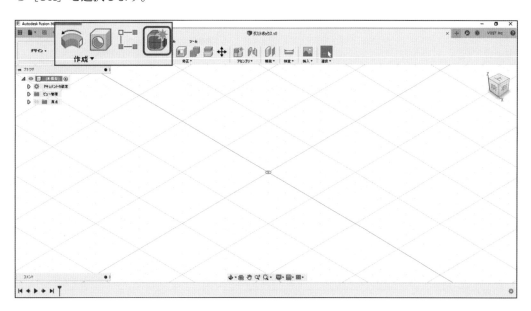

［作成］-［直方体］を選択し、基準とする平面を選択します。

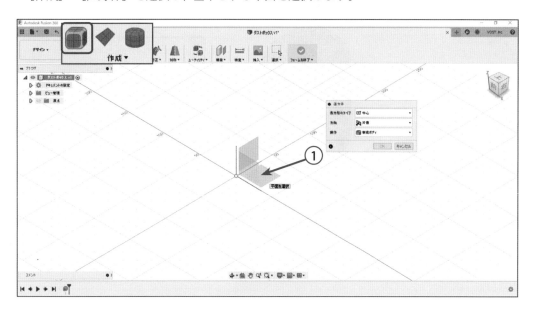

原点を中心点として選択し、外側の任意の点を選択します。

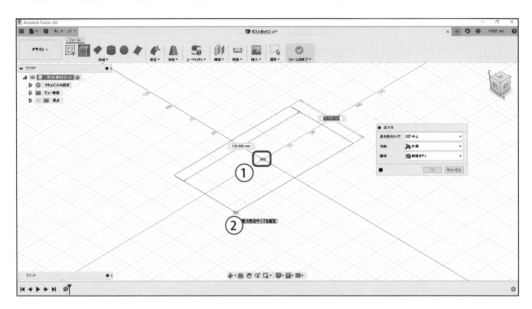

長さ 300 mm、幅 250 mm、高さ 500 mm とし、「高さの面」を 4、「対称」を「ミラー」に設定し、「長さの対称性」と「幅の対称度」にチェックを入れて［OK］を選択します。

［修正］-［折り目］を選択し、底面のエッジをダブルクリックして選択します。

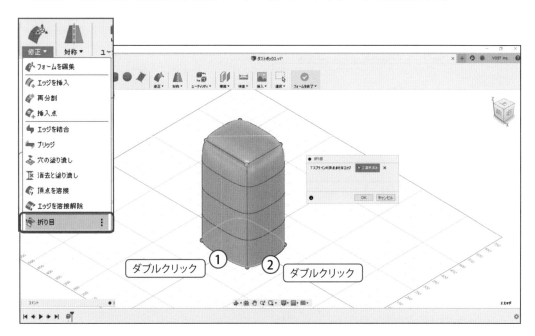

エッジをダブルクリックすると、つながっているエッジをすべて選択できます。

［ビューポート］-［複数のビュー］で画面を4分割します。

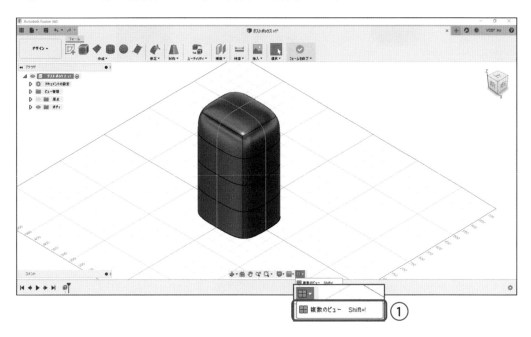

［修正］-［フォームを編集］で、上面の頂点を選択します。

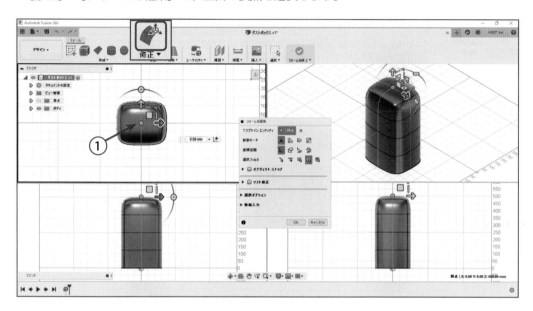

上向きの矢印で頂点を上方向に 100 mm 移動します。

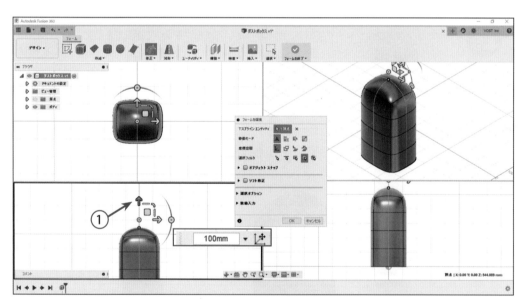

側面を一列選択します。一番上の側面をクリックし、一番下の側面を Shift キーを押しながらダブルクリックします。

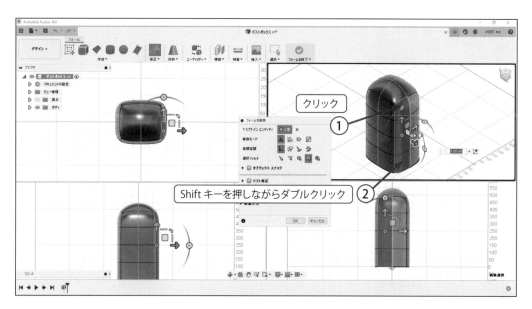

Shift キーを押しながらダブルクリックすると、初めに選択されていた面との間の面がすべて選択されます。

左下の画面で丸いマークをドラッグし、3度傾けます。

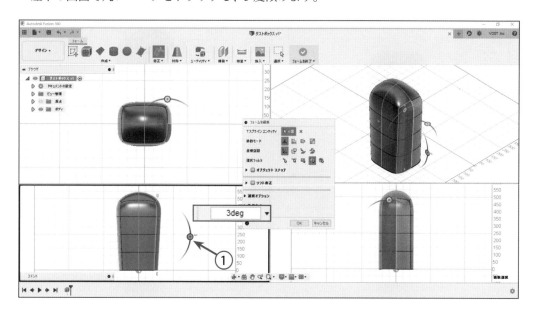

横向きの矢印で 20 mm 広げます。

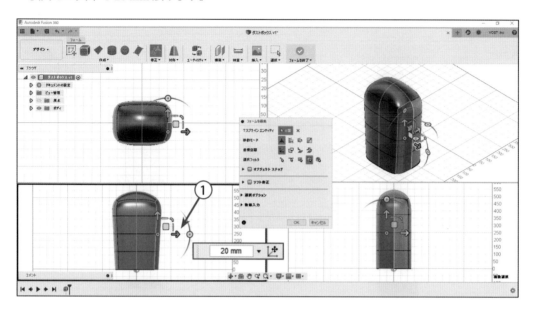

側面を一列選択します。一番上の側面をクリックし、一番下の側面を Shift キーを押しながらダブルクリックします。

丸いマークをドラッグし、3 度傾けます。

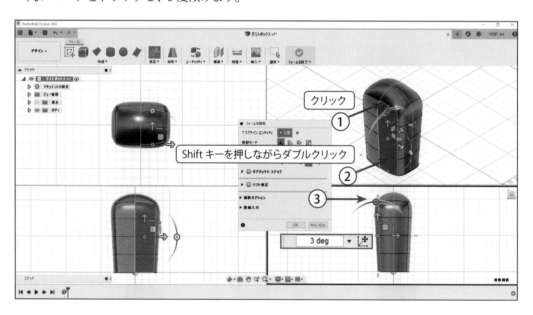

横向きの矢印で 10 mm 広げ、[OK] で確定します。

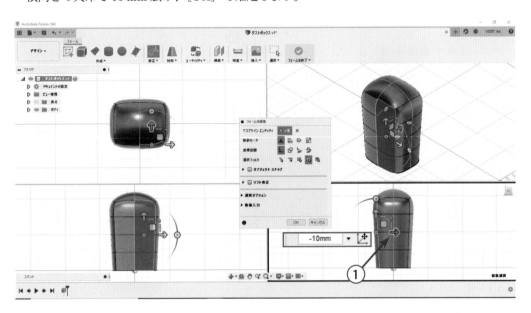

[ビューポート] - [単一ビュー] で1画面に戻します。

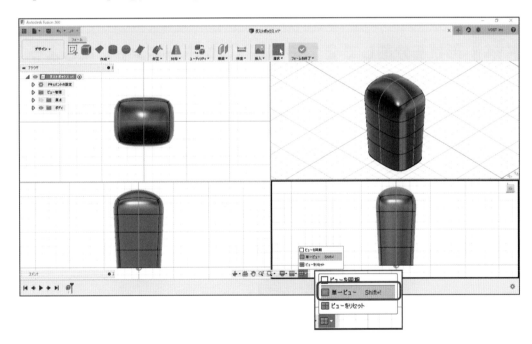

［フォームを終了］でフォームモードを終了します。

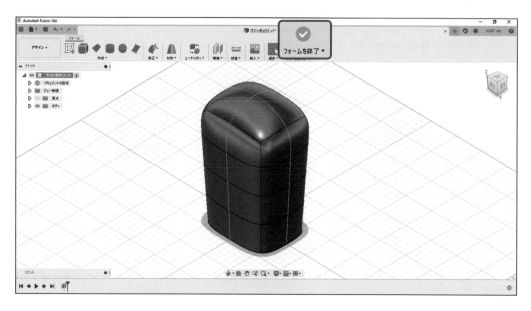

3.3 形状を分割して2つの部品（コンポーネント）にしよう

［スケッチを作成］で横向きの XZ 平面を選択します。

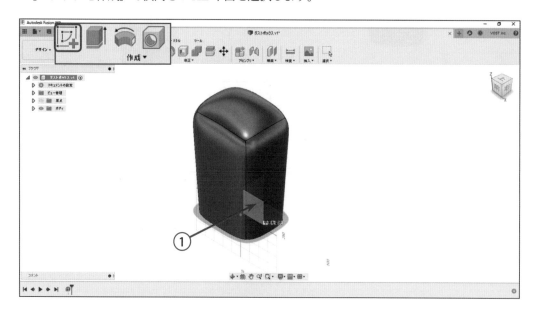

［作成］-［線分］を選択し、以下のような水平線を描きます。

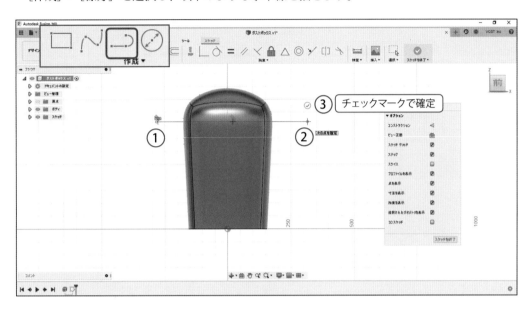

［スケッチ］-［スケッチ寸法］で、線分と原点に 375 mm の寸法を作成します。

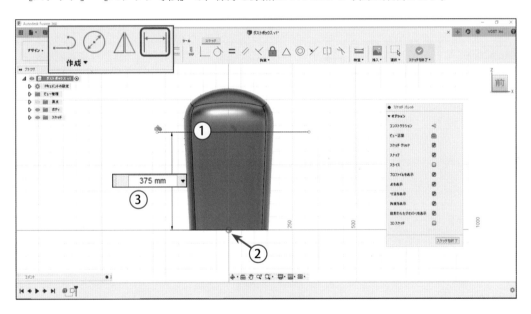

［スケッチを終了］でスケッチの作成を終了します。

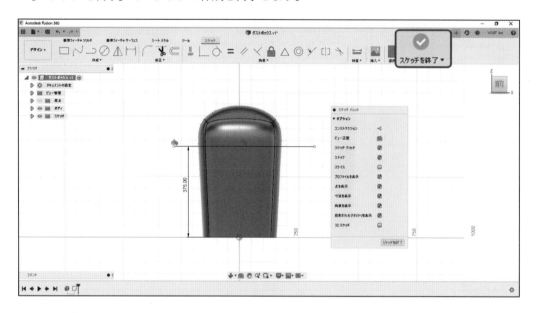

［修正］-［ボディを分割］で、「分割するボディ」で形状を選択し、「分割ツール」で作成した直線を選択し、分割します。

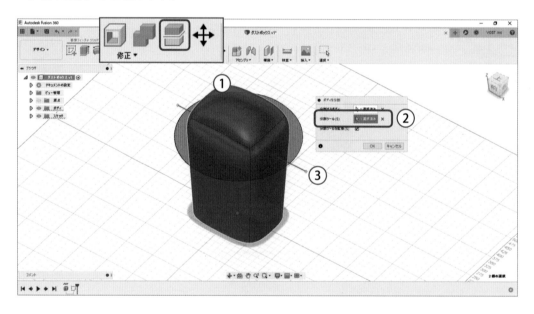

2 つのボディをコンポーネント化します。

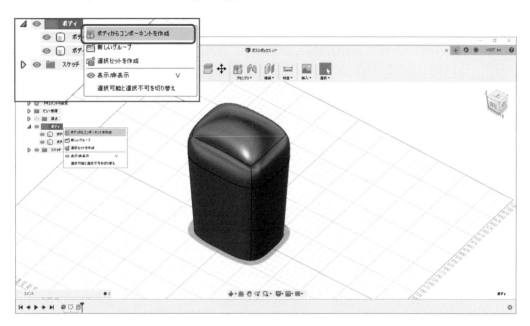

作成したボディをコンポーネント化することで、このファイル内の部品であるという認識になり、履歴の管理が個別でできたり、ジョイントを付加することができます。

　ブラウザで、2 つのボディが「コンポーネント 1」と「コンポーネント 2」に変わったのが確認できます。

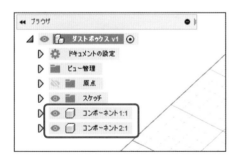

3.4 詳細部を作りこもう

［スケッチを作成］で、XZ 平面を選択します。

　［作成］-［プロジェクト / 含める］-［プロジェクト］を選択し、「選択フィルタ」を「ボディ」
に切り替え、上側のボディを選択します。

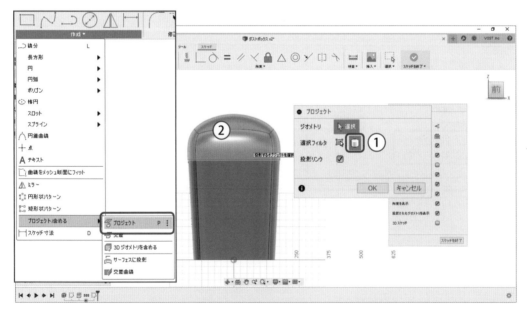

 ［プロジェクト］コマンドは、選択した要素を現在作図しているスケッチ平面に投影し、ス
ケッチ要素を新たに作成する機能です。

［作成］-［長方形］-［2 点指定の長方形］で、形状と重なるように高さ30 mm、幅15 mmの長方形を描きます。

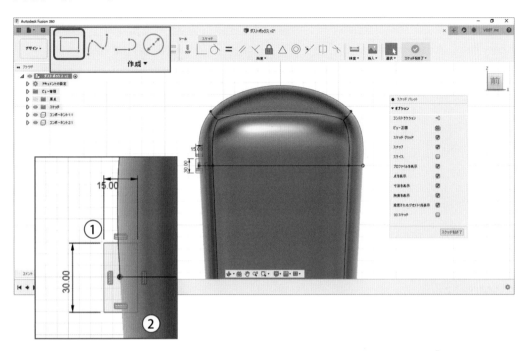

［作成］-［スケッチ寸法］で、形状の角の点を基準として垂直方向15 mm、水平方向1 mmの寸法を付けます。

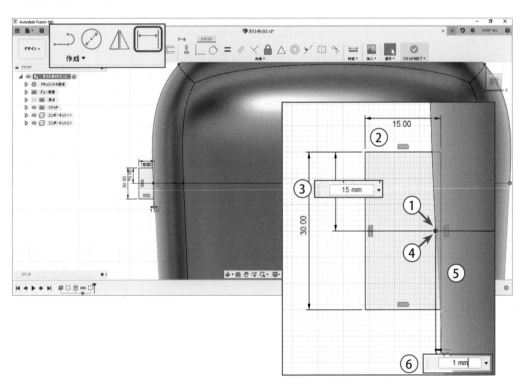

Esc キーまたは［選択］を選択し、コマンドを何も取っていない状態に戻します。

投影した線を選択し、スケッチパレットの［コンストラクション］で基準線に切り替えます。

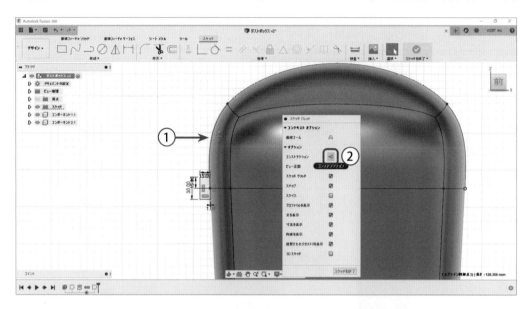

［コンストラクション］でコンストラクション線（基準線）にすることで、長方形のプロファイルを1プロファイルとして認識させることができます。

［スケッチを終了］でスケッチを終了します。

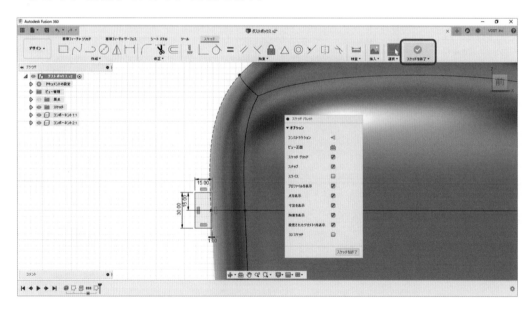

　［作成］-［スイープ］で、「プロファイル」に長方形、「パス」に形状の断面エッジを選択し、「操作：新規ボディ」に設定します。

　このようなスイープ形状が作成されます。

　ブラウザで、「コンポーネント2」を非表示にします。

［修正］-［シェル］で上面を選択し、内側の厚さを 2 mm に設定します。

［修正］-［結合］で、「ターゲットボディ」に下の形状、「ツールボディ」にスイープ形状を選択し、「操作」を「切り取り」に設定し、「ツールを維持」にチェックを入れて切り取ります。

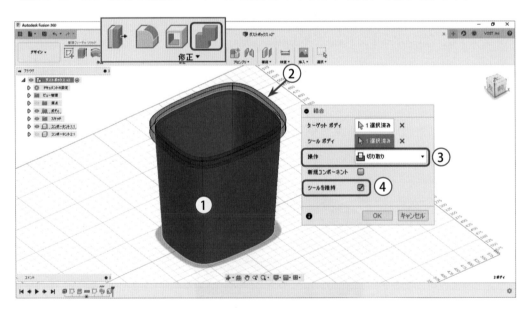

　ブラウザで「コンポーネント2」を表示し、「コンポーネント1」を非表示にします。

　[修正] - [シェル]で底面を選択し、「内側の厚さ」を2 mmに設定します。

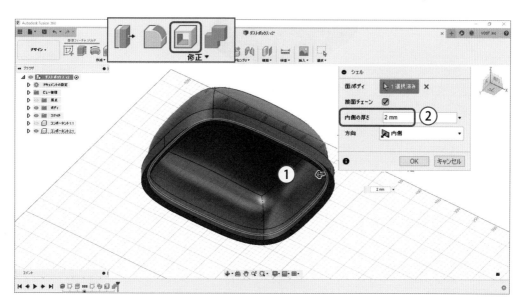

　[修正] - [結合]で、「ターゲットボディ」に上の形状、「ツールボディ」にスイープ形状を選択し、「操作」を「結合」に設定し、「ツールを維持」のチェックを外して結合します。

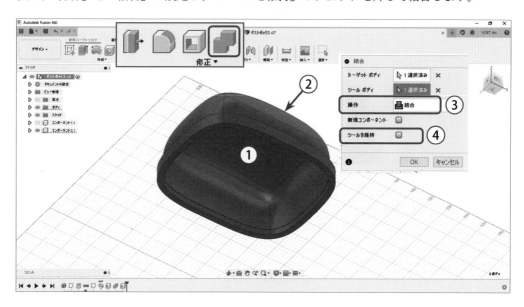

3.5 フタのスイング部を作ろう

［スケッチを作成］で、左側の平面を選択します。

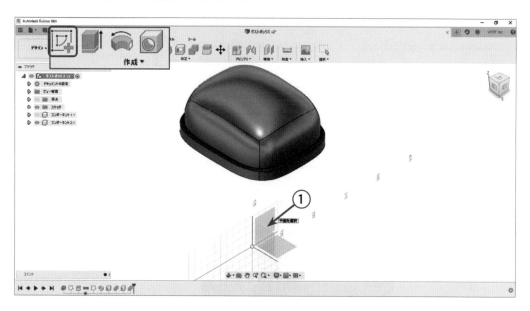

［作成］-［長方形］-［中心の長方形］で縦 150 mm、横 150 mm の正方形を描きます。

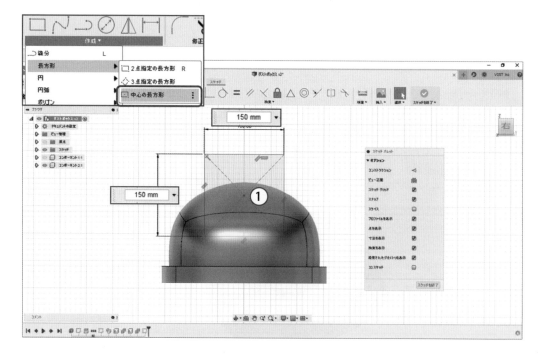

［拘束］の［水平 / 垂直］で、正方形の中心点と原点を垂直に並べます。

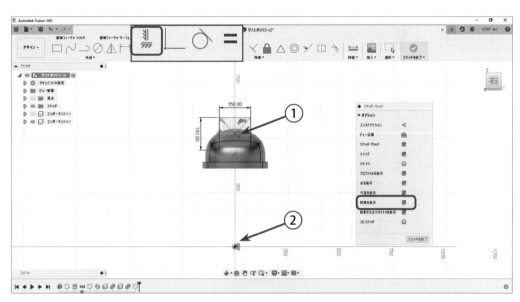

［作成］-［スケッチ寸法］で正方形の下の水平線とスイープ形状の上側の縁のポイントの距離を 40 mm にします。

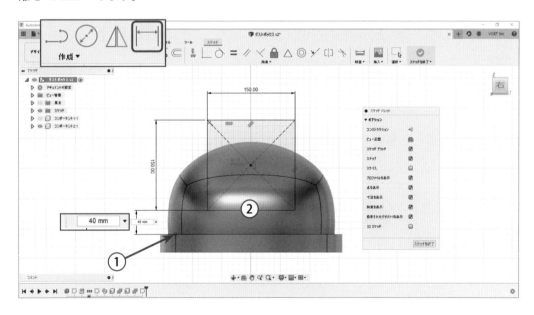

［修正］-［フィレット］で40 mmのフィレットを作成します。

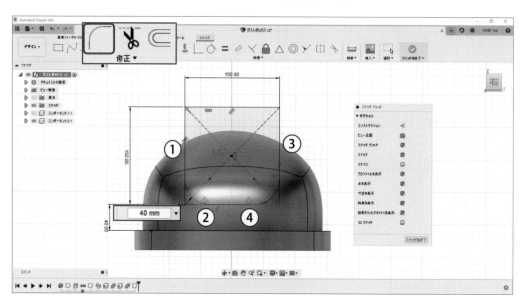

［スケッチを終了］でスケッチを終了します。

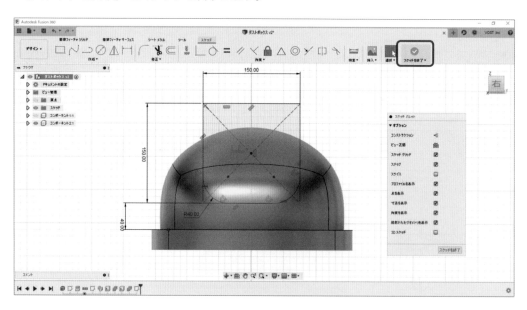

　[修正] - [ボディを分割] で、「分割するボディ」にフタ、「分割ツール」に作成したスケッチを選択し、分割します。

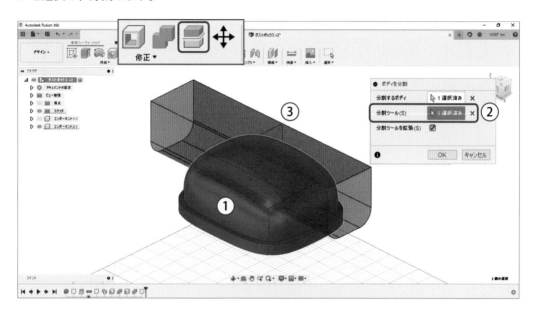

　ブラウザで「コンポーネント 2」の階層下にある「ボディ 1」（スイングする部品）を右クリックし、[ボディからコンポーネントを作成] を選択します。

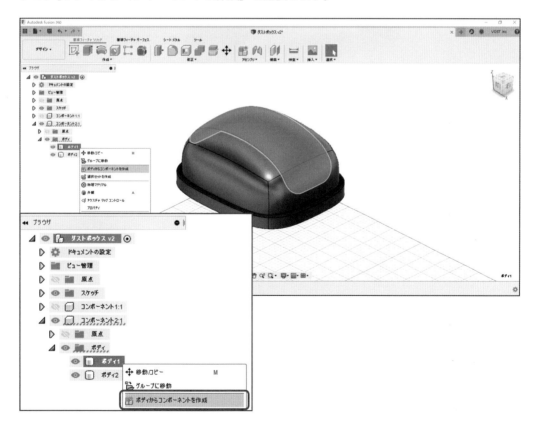

「コンポーネント 3」を一番上の階層（ファイル名（保存前は「未保存」））にドラッグ＆ドロップします。ブラウザの階層は、アセンブリ階層を示しています。

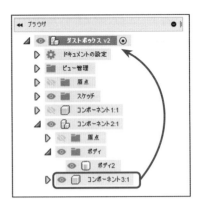

　ブラウザで「コンポーネント 3」のみを表示にし、［修正］ - ［プレス / プル］でスイング部品の側面を 8 面選択し、−3 mm オフセットします。

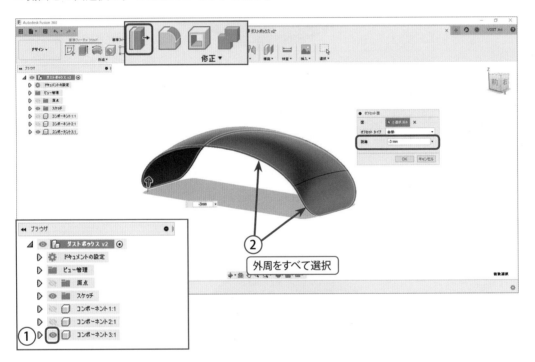

② 外周をすべて選択

［スケッチを作成］で、スイング部品の側面を選択します。

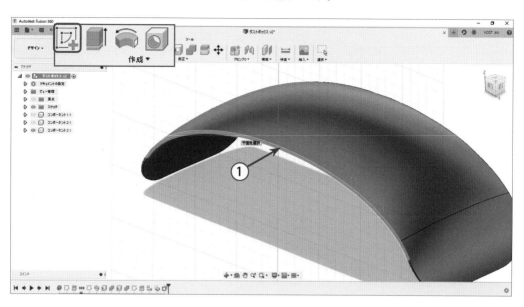

［作成］-［長方形］-［中心の長方形］で下側のエッジ上の中点を選択し、高さ 30 mm、幅 10 mm の長方形を描きます。

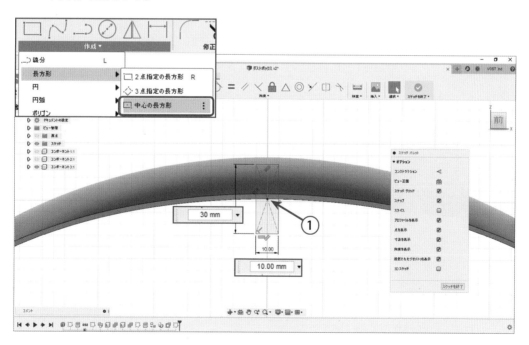

　［作成］-［円］-［中心と直径で指定した円］で、10 mm の線分の中点と端のポイントで直径
10 mm の円を描きます。

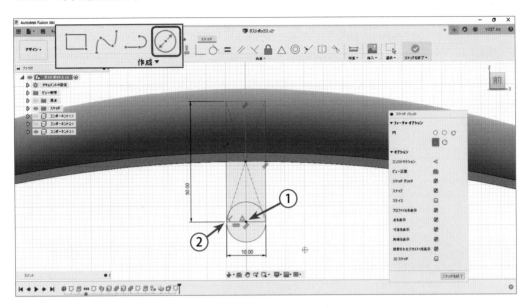

　Esc キーまたは［選択］を選択し、コマンドを何も取っていない状態に戻します。
　10 mm の線分を選択し、スケッチパレットの［コンストラクション］でコンストラクション
線に切り替えます。

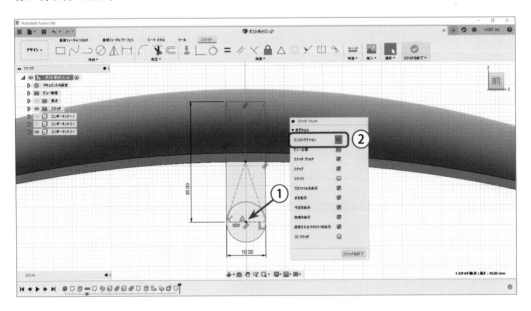

　［拘束］の［水平 / 垂直］で、長方形の中心点と原点を垂直に揃え、［スケッチを終了］でスケッチを終了します。

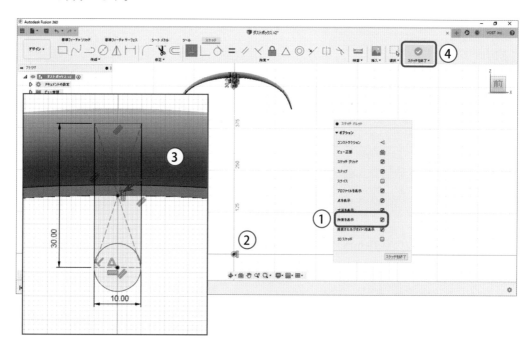

　［作成］-［押し出し］で 3 つの領域を選択し、距離 –5 mm、「操作」を「結合」に設定します。

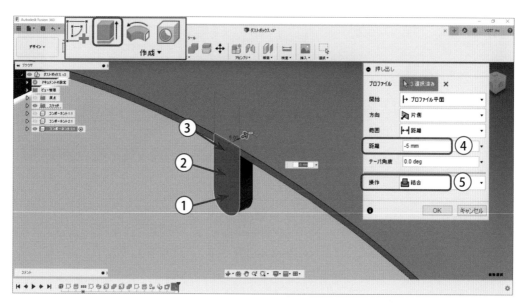

ブラウザで、「スケッチ4」を表示します。

［作成］-［押し出し］で10mmの円を12mm押し出します。

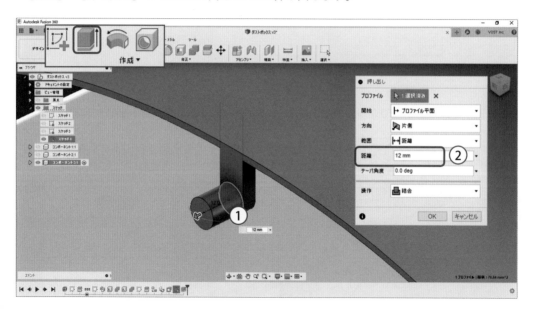

［作成］-［ミラー］を選択し、「パターンタイプ」を「フィーチャ」に設定し、履歴バーから2つの「押し出しフィーチャ」を選択します。「対称面」に切り替えて、作業平面を選択します。

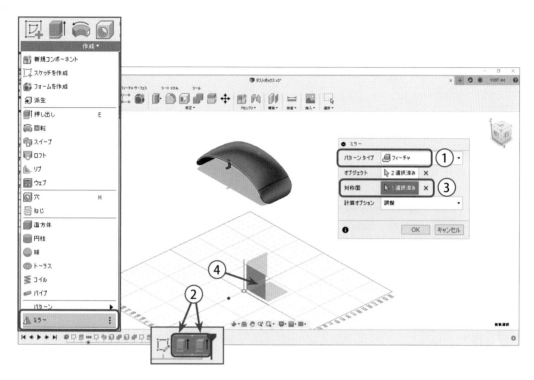

ブラウザで「コンポーネント3」を非表示にし、「コンポーネント2」を表示します。

　［作成］-［押し出し］で 2 つの領域を選択し、「開始」を「オブジェクトから」に設定し、垂直な側面を選択します。「範囲」を「すべて」、「操作」を「結合」に設定します。

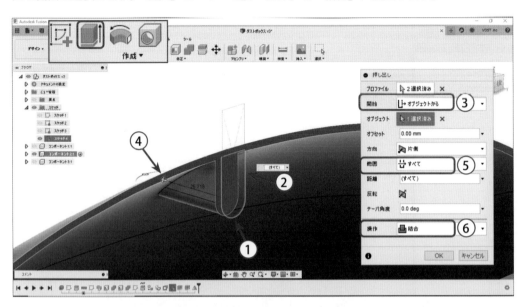

　「開始」のオプションは、押し出しを開始する位置を設定できます。
　「範囲」は、どこまで押し出すかを設定できます。

　ブラウザで「スケッチ 4」を非表示にします。［修正］-［プレス / プル］で「オフセットタイプ」を「新規オフセット」に変更し、3 つの面を 3 mm オフセットします。

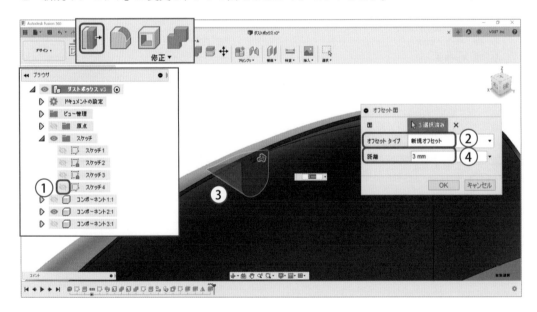

　[作成]-[ミラー]を選択し、「パターンタイプ」を「フィーチャ」に設定し、履歴バーから2つのフィーチャを選択します。「対称面」に切り替えて作業平面を選択します。

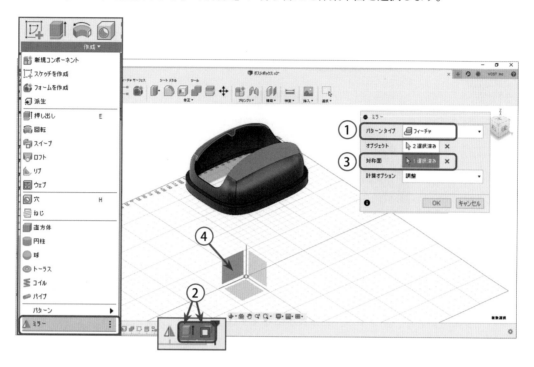

　ブラウザで「コンポーネント3」を表示します。

[修正] - [結合] で、「ターゲットボディ」に外側の形状、「ツールボディ」に内側形状を選択し、「操作」を「切り取り」に設定し、「ツールを維持」を有効にして [OK] を選択します。

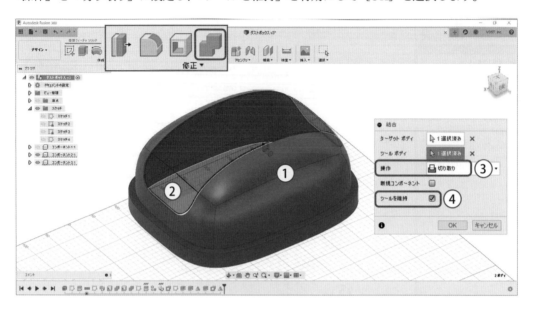

ブラウザで「コンポーネント 3」を非表示にします。[修正] - [プレス / プル] で両側の円筒面を –0.5 mm オフセットします。

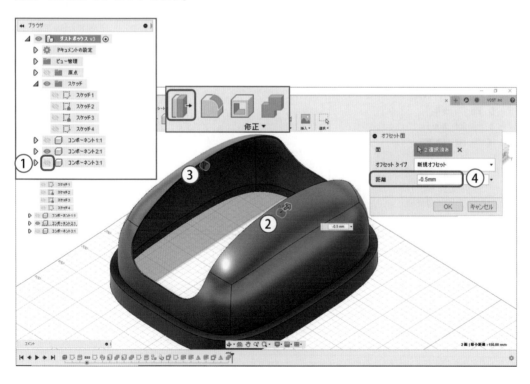

ブラウザで「コンポーネント3」を表示します。

［修正］-［フィレット］で切り欠きのエッジに1mmのフィレットを付けます。

3.6 ジョイントを付けよう

　それぞれのコンポーネントの位置関係と動きを設定します。ブラウザから「コンポーネント1」を表示し、右クリックして［固定］を設定し、位置を固定します。

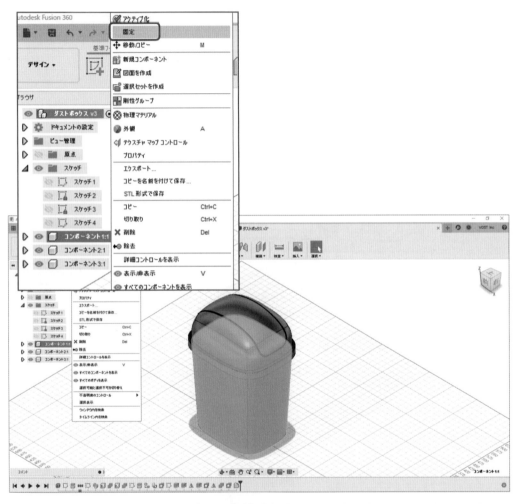

 アセンブリの基準となり、動かないコンポーネントは固定しておきます。

[アセンブリ] - [位置固定ジョイント] を選択し、「コンポーネント」で「コンポーネント3」
と「コンポーネント2」を選択します。

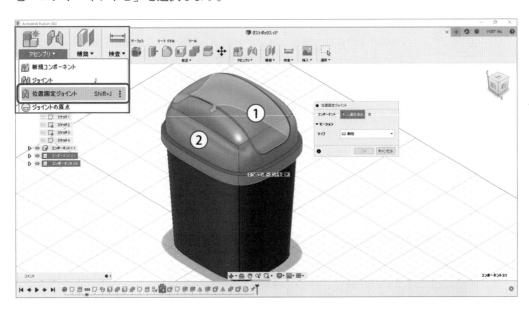

ブラウザで「コンポーネント2」を非表示にします。「タイプ」を「回転」に設定し、円筒の
エッジを選択してピンの中心を回転軸に設定します。

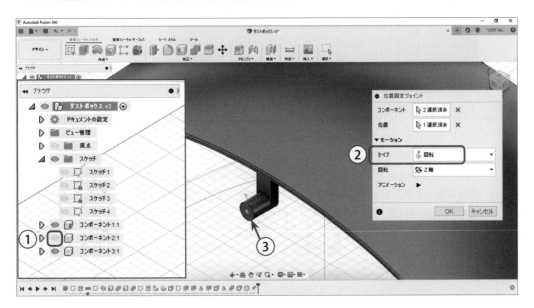

[ボディを分割] などで作成した部品は、作成した位置のまま位置を変更する必要がないこ
とが多いです。トップダウン設計で作成したコンポーネントには、[位置固定ジョイント]
を利用します。

ジョイントと位置固定ジョイント

　Fusion 360 には、部品（コンポーネント）同士の位置関係や動作を定義するための［ジョイント］を付加するコマンドが 2 種類用意されています。それぞれの特徴を埋解し、適切に使い分けましょう。

● ［アセンブリ］-［ジョイント］
　初めに選択したコンポーネントのジョイント原点を、2 番目に選択したコンポーネントのジョイント原点に合わせ、「剛性」、「スライダ」、「回転」などの動作を定義できます。
　1 番目に選択したコンポーネントは、2 番目に選択したコンポーネントに合致するように移動します。他のデザインファイルを［現在のデザインに挿入］で挿入して配置する際に使用するため、主にボトムアップ設計で使用します。

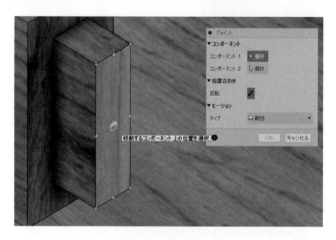

● ［アセンブリ］-［位置固定ジョイント］
　初めに選択したコンポーネントと2番目に選択したコンポーネントに、「剛性」、「スライダ」、「回転」などの動作を定義できます。
　［ジョイント］と違ってジョイント原点の定義は不要で、「スライダ」や「回転」など、どの軸を使ってスライドや回転をするのかを定義する必要のあるジョイントタイプを選択した場合のみ、「位置」という選択項目が表示され、軸などを設定できます。
　1 番目に選択したコンポーネントも、2 番目に選択したコンポーネントも位置が変わらないため、主にトップダウン設計で 1 ファイルの中で複数のコンポーネントを隣接設計した際に使用します。

また、他のCADで作成されたファイルをインポートし、ジョイントのみを付加する際にも使用します。

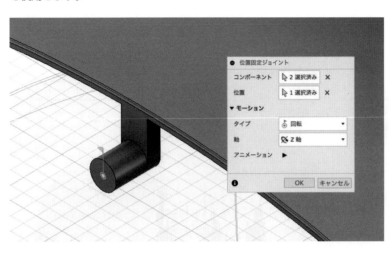

　ブラウザで、「コンポーネント2」を表示し、「コンポーネント3」を非表示にします。

　［アセンブリ］-［位置固定ジョイント］で「コンポーネント1」と「コンポーネント2」を選択します。

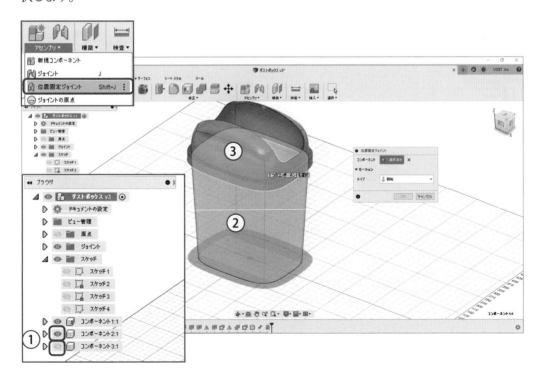

「タイプ」を「スライダ」に設定し、「位置」で垂直なエッジを選択します。

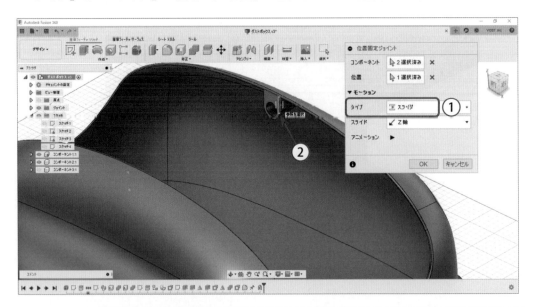

可動する部品をドラッグすると、動作をチェックできます。

完成です！

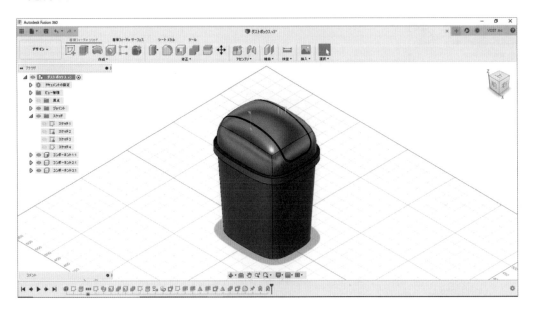

3.7 課題『ティッシュケース』（トップダウン設計）

以下の画像のティッシュケースを作ってみましょう。

完成品

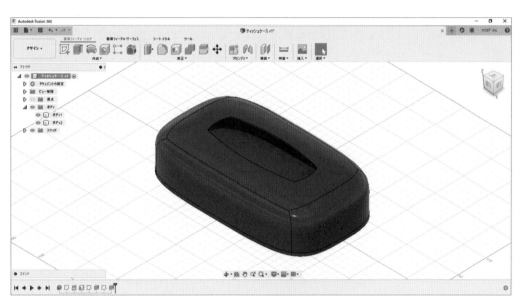

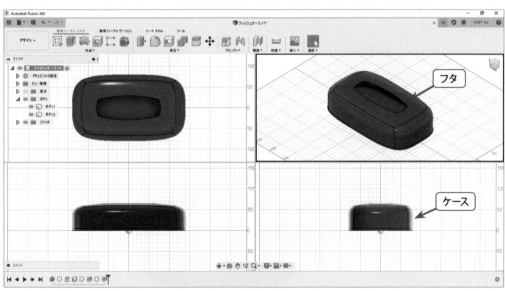

作成の条件

● 全体の大きさ：長さ 280 mm、幅 160 mm、高さ 65 mm の直方体（フォーム）

●「ケース」の底の厚さ：5 mm

●「フタ」の厚み：2 mm

● 取り出し口：以下のスケッチで切り取り

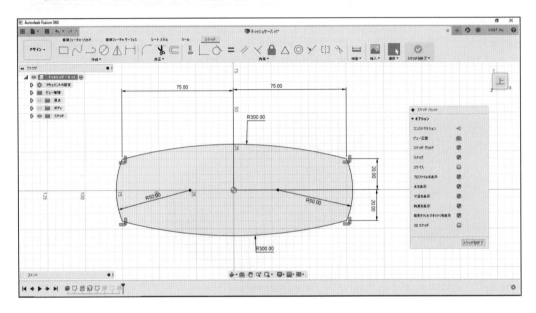

●「ケース」のストッパー：外形と同じ輪郭で、外側から 2 mm 内側に、幅 2 mm、高さ 5 mm で作成

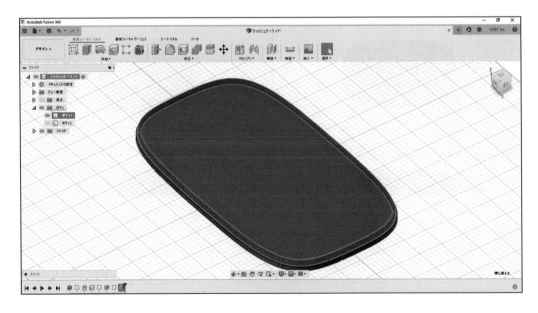

作成のヒント

① ［フォーム］モードで、直方体を作成します。

② 本体の底面は、［折り目］を付けるとエッジが立ちます。

③ ［基準フィーチャーソリッド］モードに戻り、底から 5 mm のスケッチを作成し、［ボディを分割］で分割します。

④ 取り出し口のスケッチを作成し、切り取ります。

⑤ 「ケース」の底の上面に、ストッパーのスケッチを作成し、［押し出し］します。

今回のモデル作成のための推奨コマンド

● ［スケッチを作成］-［円弧］-［3 点指定の円弧］

● ［スケッチを作成］-［スケッチ寸法］

● ［拘束］-［水平 / 垂直］

● ［作成］-［直方体］（［フォーム］モード）

● ［修正］-［折り目］（［フォーム］モード）

● ［修正］-［ボディを分割］

● ［修正］-［シェル］

● ［スケッチを作成］-［オフセット］

● ［作成］-［押し出し］

解答

解答は、以下 URL にてご紹介しております。

https://cad-kenkyujo.com/book/（「スリプリブック」で検索）

第**4**章

ミニドローンを作ろう

次の内容を学習します。

- ●ボトムアップ設計とトップダウン設計
- ●隣接部品の作成方法
- ●サーフェスを利用したモデリング方法

4.1 この章の流れ

この章では、ボトムアップ設計とトップダウン設計の組み合わせたデータ作成を学びます。

トップダウン設計的にボディ形状を作成します（4.2節）。

アドインを使用して、スケッチを自動作成させます（4.3節）。

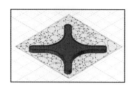

別ファイルとしてモーターを作成します（4.4節）。

ボトムアップ設計的にボディ形状とモーターを組み合わせます（4.5節）。

ボトムアップ設計的にプロペラを組み合わせます（4.6節）。

トップダウン設計的に本体に合わせたフタを作成します（4.7節）。

外部ライブラリからボルトを配置します（4.8節）。

ボトムアップ設計的にバッテリーを組み合わせます（4.9節）。

トップダウン設計的にバッテリーに合わせたバッテリーカバーを作成します（4.10節）。

トップダウン設計的に足を作成します（4.11節）。

4.2 ドローンのボディを作成しよう

［スケッチを作成］で下側の XY 平面を選択します。

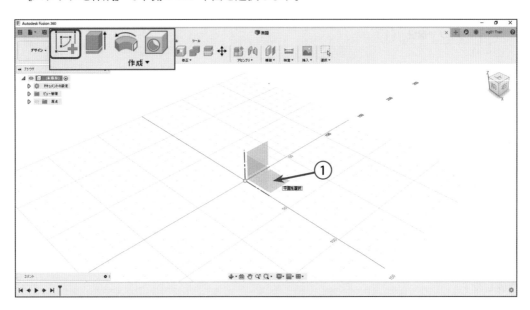

［作成］-［長方形］-［中心の長方形］で、原点を中心とする縦 100 mm、横 100 mm の長方形を作成します。次のカーソルに移動するには、Tab キーを使用します。

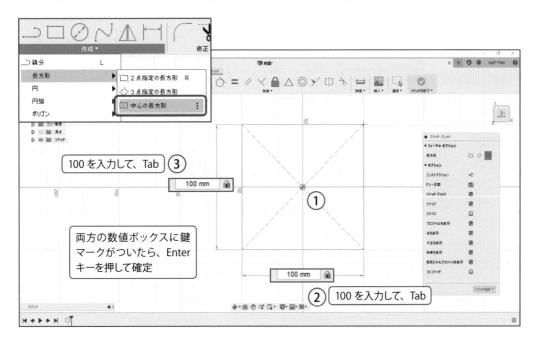

ドラッグでスケッチを囲み、［コンストラクション］でコンストラクション線に変更します。

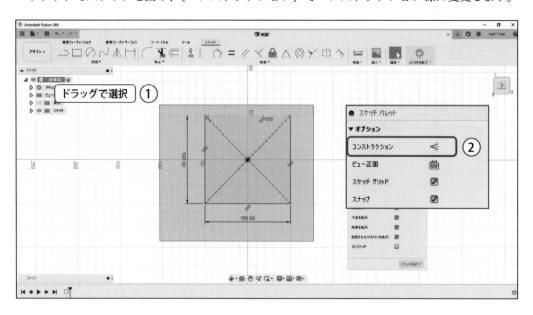

［作成］-［スロット］-［中心合わせスロット］で、角の点を利用して 15 mm 幅のスロットを作成します。

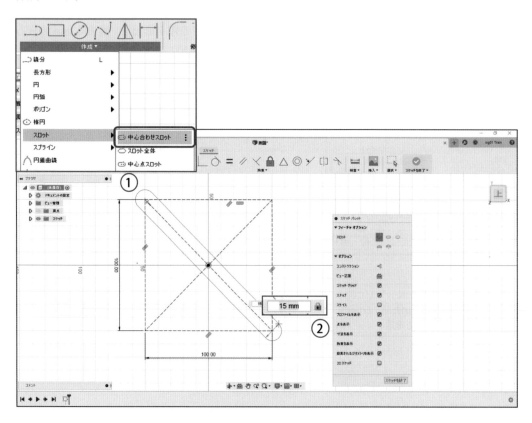

同様に、反対のスロットを作成します。

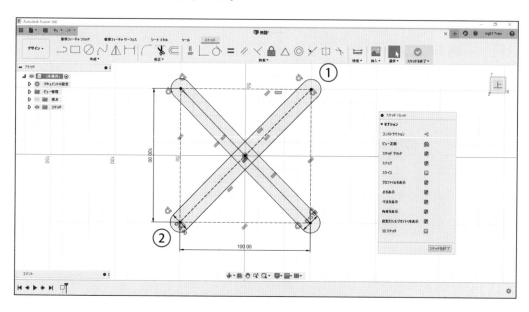

［修正］-［トリム］で重なった個所をカットします。

　何もないところからドラッグすると、マウスカーソルが触れた個所が連続してカットされます。破線で表示されているコンストラクション線には触れないように、4か所をトリムします。

　トリムができたら、［スケッチを終了］でスケッチを終了します。

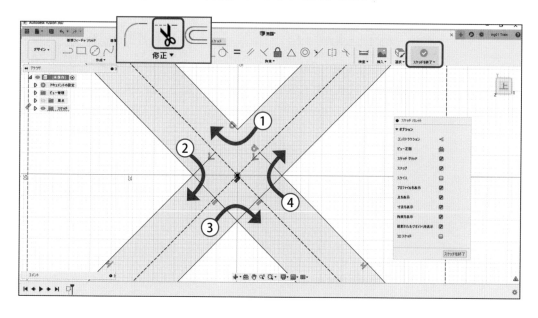

［修正］-［プレス / プル］で 7 mm 押し出し、「操作」を「新規コンポーネント」に設定します。

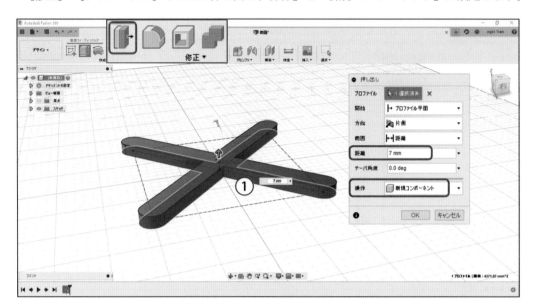

 ［プレス / プル］でスケッチプロファイルを選択すると、自動的に［押し出し］コマンドに なります。

 ［プレス / プル］はよく使用するコマンドのため、右クリックした際に表示されるポップアップメニューの右上でも選択できます。

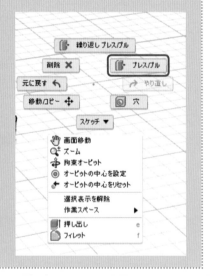

［修正］-［プレス / プル］でエッジを選択し、40 mm のフィレットを作成します。

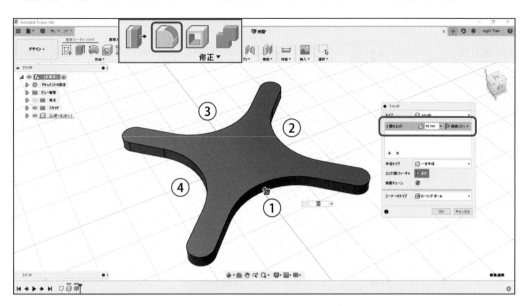

［プレス / プル］でエッジを選択すると、自動的に［フィレット］コマンドになります。

［スケッチを作成］で形状の上面を選択します。

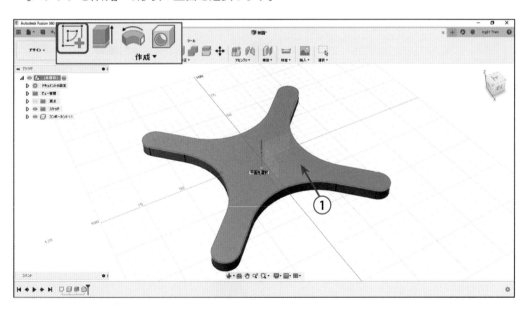

　［修正］-［オフセット］で外側のエッジを選択し、内側に -2 mm オフセットし、［スケッチを終了］でスケッチを終了します。

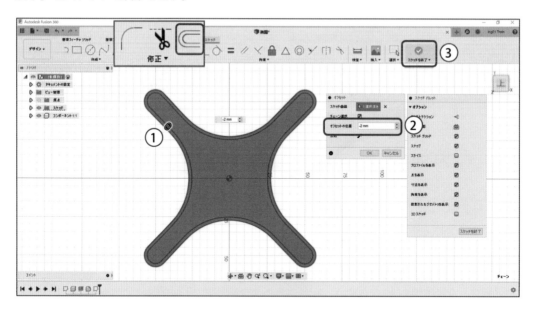

　［修正］-［プレス / プル］で –1 mm 押し込みます。

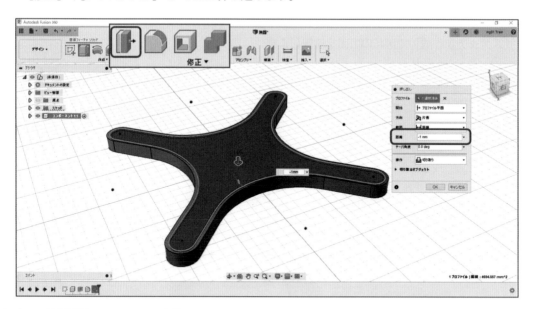

［ファイル］-［保存］で「ドローン」という名前を付けて保存します。

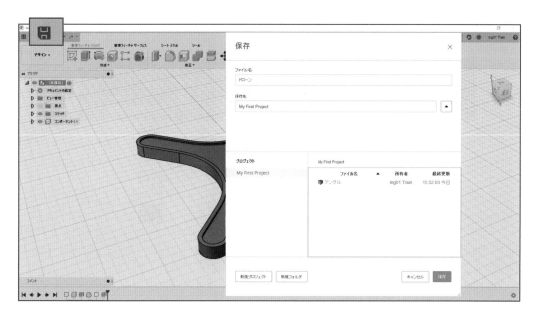

4.3 アドインを使用してスケッチを自動作成しよう

［ツール］-［アドイン］-［Fusion 360 App Store］を選択します。

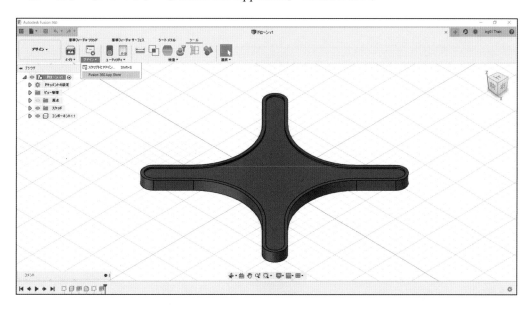

表示される WEB サイトで、検索ウィンドウに「Voronoi」と入力し、検索します。

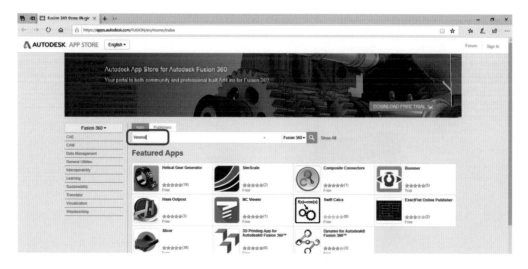

「Voronoi Sketch Generator」を選択し、OS を選択後、ダウンロードします。

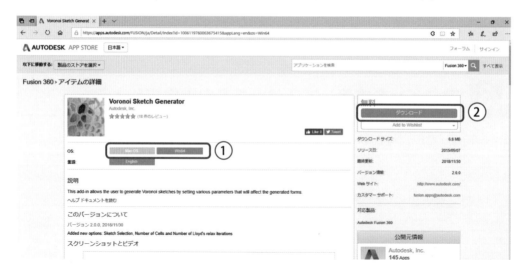

ダウンロードしたファイルを実行し、インストールします。インストールが完了したら、Fusion 360 を終了します。

インストールしたアドインを有効にするには、Fusion 360 を再起動する必要があります。

インストールしたアドインは、実行ファイルを再度実行し、Uninstall を選択することで削除できます。

スクリプトとアドイン

　[アドイン] メニューは、Fusion 360 の API です。API とは、Application Programming Interface の略で、プログラムを利用して外部から Fusion 360 を動作させたり、Fusion 360 のデータを利用して外部プログラムで数値を計算させるようなことができます。プログラミング言語でプログラムを作ることで、オリジナルの機能を作ることができ、例えば指示したい数値を数種類入力するだけで複雑な形を自動的にモデリングする、といったことができるようになります。

　Fusion 360 で利用できるプログラミング言語は、C++、Python、JavaScript の 3 種類で、[スクリプトとアドイン] コマンドでプログラミングを実行する「スクリプト」と、Fusion 360 のコマンドメニューにコマンドを追加できる「アドイン」機能が利用できます。

　利用できる関数やプログラミングの詳細については、[？] - [学習とドキュメント] - [Fusion360API] から参照できます。

Fusion 360 を再起動し、データパネルからドローンファイルをダブルクリックで開きます。

［作成］-［Voronoi Sketch Generator］を選択し、「Edge Style」を Curved、「Number of Cells」を 64、「Number of Lloyd's relax iterations」を 1 に設定し、［OK］で確定します。

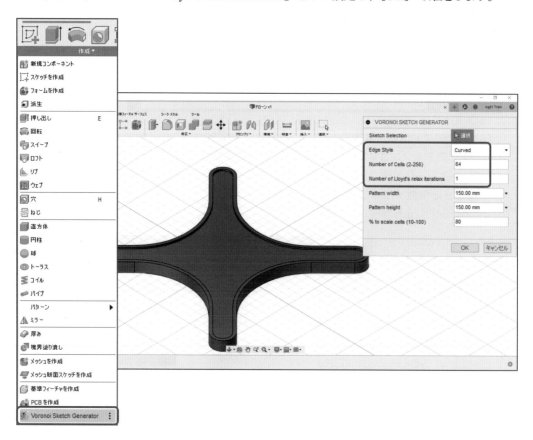

スケッチの向きを変更するため、スケッチの履歴を右クリックして［スケッチ平面を再定義］を選択します。

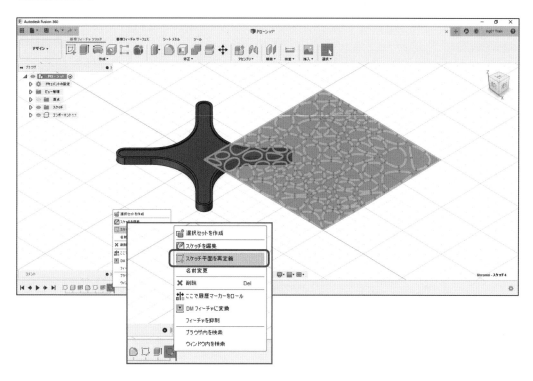

形状の内側の面を選択します。

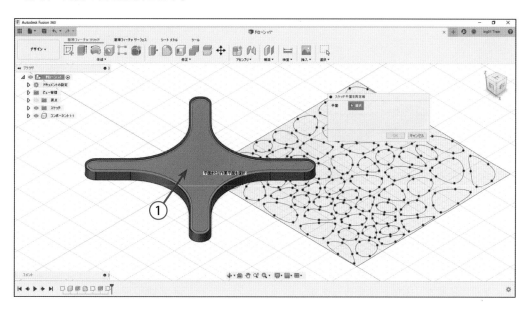

スケッチを編集し、［修正］-［移動 / コピー］でスケッチを形状の上に移動し、［スケッチを終了］でスケッチを終了します。

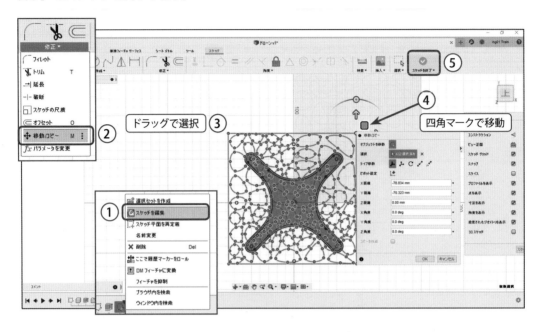

［修正］-［プレス / プル］でボロノイパターンを −1 mm 押し込みます。

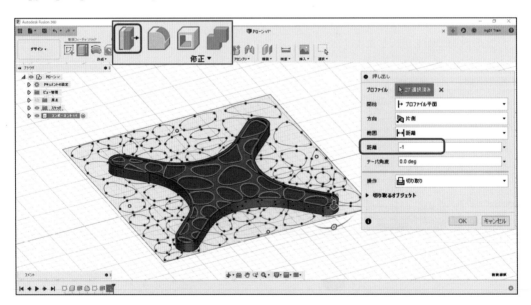

　ブラウザで、「コンポーネント 1」をゆっくりダブルクリックし、名前を「本体」に変更します。

4.4 モーターを作成しよう

［ファイル］-［新規デザイン］で新しいドキュメントを作成します。
［スケッチを作成］で下側の平面を選択します。

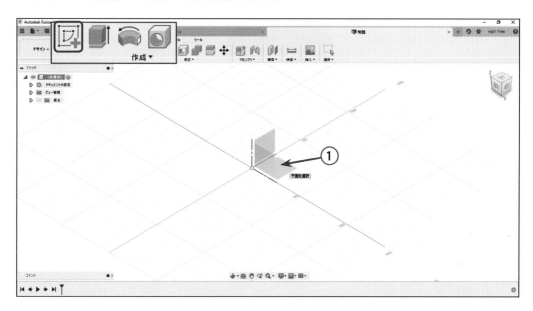

　［作成］-［円］-［中心と直径で指定した円］で、原点を中心とする直径 10 mm の円を作成し、
［スケッチを終了］でスケッチを終了します。

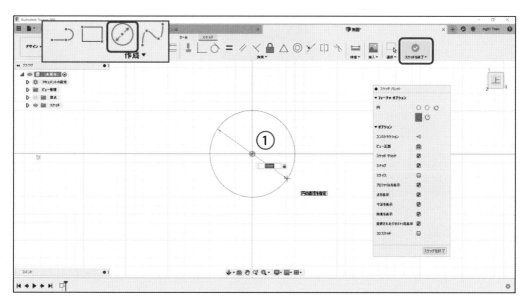

［修正］-［プレス / プル］で 10 mm 押し出します。

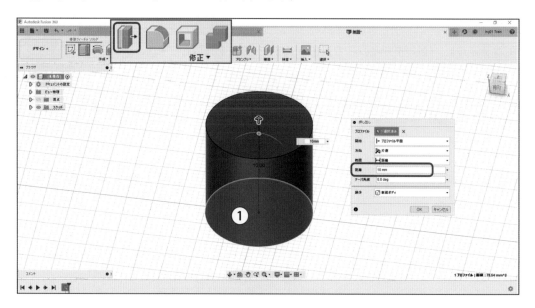

［スケッチを作成］で円柱の上面を選択します。

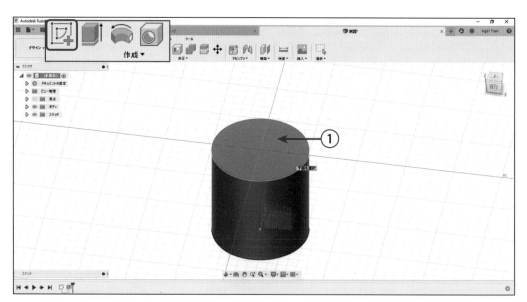

　［作成］-［円］-［中心と直径で指定した円］で、原点に 1.5 mm の円を作成し、［スケッチを終了］でスケッチを終了します。

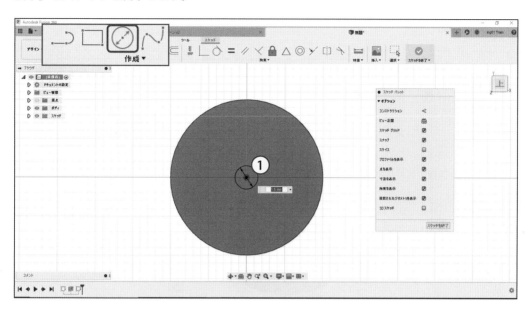

　［修正］-［プレス / プル］で 5 mm 押し出します。

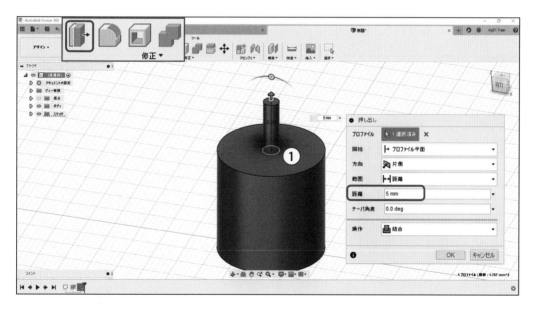

［修正］-［物理マテリアル］で「メタル」-［アルミニウム］をドラッグ＆ドロップします。

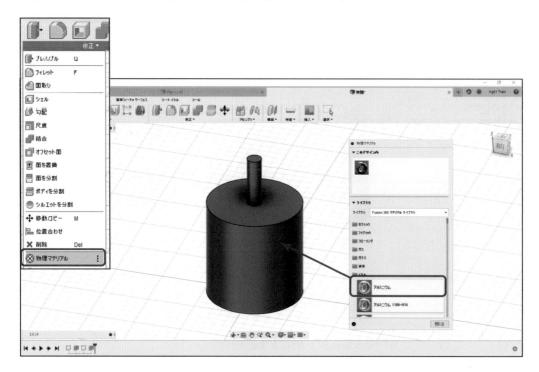

［ファイル］-［保存］で「モーター」という名前を付けて保存します。

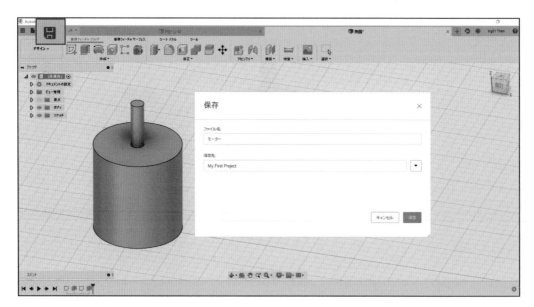

4.5 本体にモーターを組み立てよう

「ドローン」ドキュメントに切り替え、ブラウザで「本体」を右クリックして［固定］を選択します。

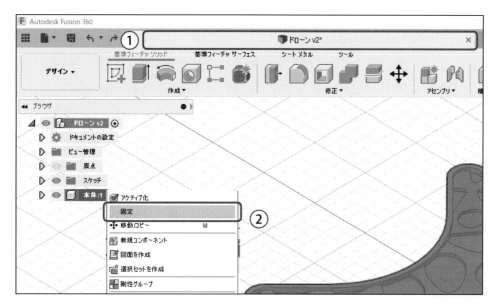

コンポーネントは、位置を固定するまでは空間上に自由に移動できる状態で存在します。基準となるコンポーネントを固定しておくことで移動しなくなります。

データパネルを開き、「モーター」を右クリックして［現在のデザインに挿入］を選択します。形状が重ならない位置に移動します。

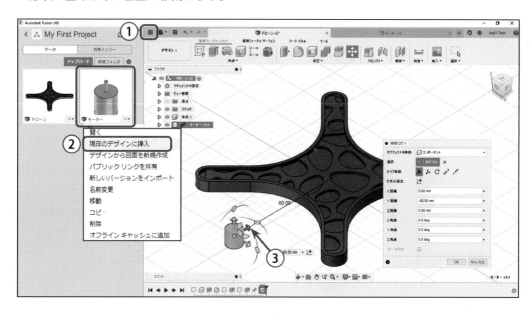

データパネルのファイルを画面上にドラッグ＆ドロップすることでも、同様の操作になります。

　［アセンブリ］-［ジョイント］でモーターの底面の中心原点と、本体の原点を選択します。

　「タイプ」が「剛性」になっていることを確認し、向きが逆になった場合、「反転」のアイコンを選択します。

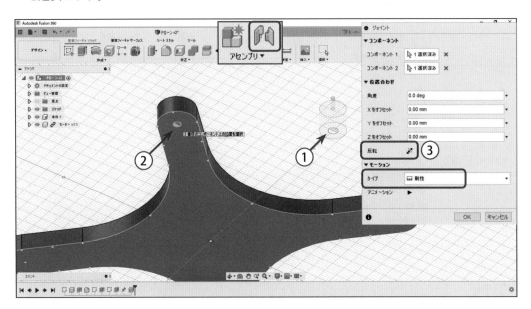

　［作成］-［パターン］-［円形状パターン］で、モーターをコピーします。

　「パターンタイプ」を「コンポーネント」に変更し、モーターを選択します。「軸」で青色の軸（Z軸）を選択し、「数量」を「4」にします。

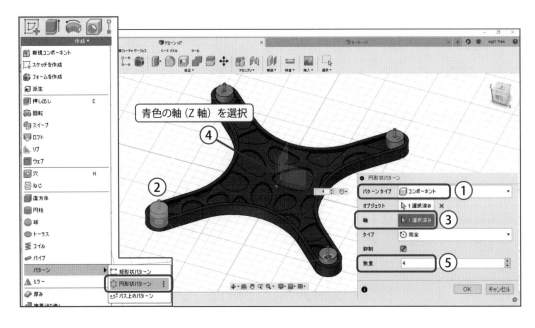

[アセンブリ] - [位置固定ジョイント] でモーターと本体を選択し、剛性ジョイントを設定します。

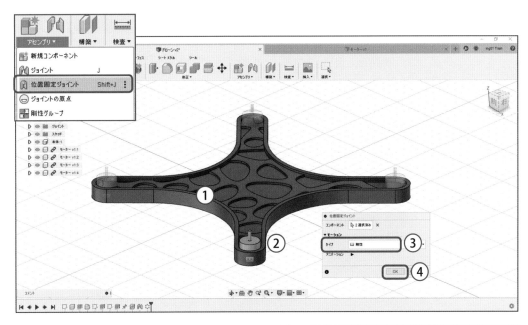

円形にコピーしたコンポーネントは、それだけでは本体との相対的な位置関係や、本体にどのように取りつくのかという情報がありません。そのため、位置固定ジョイントを利用して、本体とモーターが「剛性」のジョイントであることを指示しておくことで、固定されます。

同様の操作を繰り返し、残り2つのモーターも剛性ジョイントを付加します。

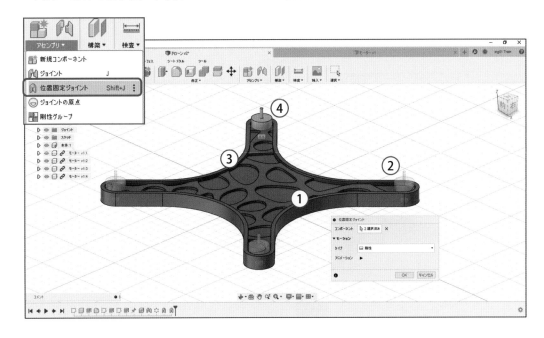

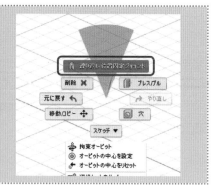

直前に使用したコマンドは、右クリックした際に表示されるポップアップメニューの上でも選択できます。

ブラウザで、「コンポーネントをアクティブ化」を選択します。

「コンポーネントをアクティブ化」をすると、選択したコンポーネント以外が透明表示になり、同時に選択したコンポーネントに関連する履歴のみが履歴バーに表示されます。
編集するコンポーネントをアクティブ化しておくことで、作業がしやすくなります。

［修正］-［結合］で本体からモーターを切り取ります。「操作」を「切り取り」に設定します。

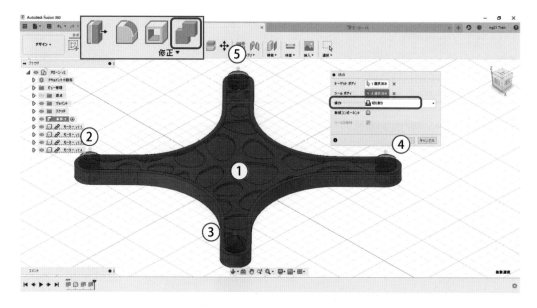

別ドキュメントから配置したコンポーネントをツールとして使用する場合、自動的に「ツールを維持」のチェックが ON になった状態でグレーアウトします。

［修正］-［プレス / プル］で、空いたモーターの 4 つの穴を –0.3 mm オフセットします。

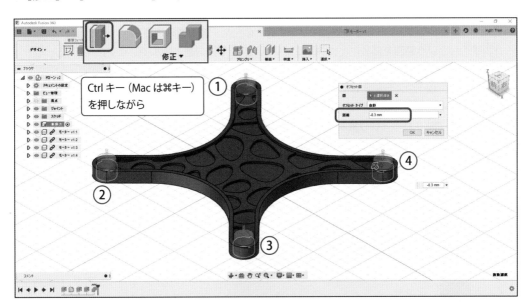

 ［プレス / プル］は、形状の面を選択すると自動的にオフセット処理になります。

ブラウザの一番上のファイル名の「コンポーネントをアクティブ化」を選択します。

寸法公差とは？

　何かの部品が作られる場合、機械の精度や材料の特性により多少の誤差が発生します。例えば、直径 20 mm の円柱形状を複数作る際、直径 20.1 mm のものや直径 19.9 mm のものができる可能性があります。ただ、いくら誤差とは言っても直径 25 mm のものでは困ります。そのため、製造業の現場では、どの程度の誤差を許すのかという範囲を部品ごとに決めており、それを寸法公差と呼んでいます。

　図面では、以下のように示します。

　緑色の部品の穴についている寸法は、∅（直径）20 mm が基準寸法ですが、20.0 mm から 20.2 mm まで許されるという意味を持っており、赤色の部品の寸法は、∅（直径）20 mm が基準寸法ですが、19.8 mm から 19.9 mm まで許されるという意味を持っています。

　この値から外れた製品は、不良品となります。

　これらの寸法公差は、その部品がどのような役割を持つかによっても変わります。

　例えば、上の緑色の部品の穴が 20.0 mm、赤色の部品の直径が 20.0 mm だった場合、緑色の部品に赤い部品ははまりません。これらの部品がきっちりとはまるには赤色の部品が少し細くないといけませんし、スライドする部品であればもう少し隙間（クリアランス）が必要かもしれません。

　そのため、部品の精度は通常、0.01 mm 単位や、高精度のものは 0.001 mm 単位で微調整されます。もちろん、高精度でものを作るためにはそれなりの設備などが必要になりますので、コストは上がります。

　組み立て部品を作る際には、部品同士のクリアランスや 3D プリントする際の精度誤差を考慮して作成する必要があるのです。

4.6 プロペラを組み立てよう

データパネルを開き、［アップロード］ボタンを選択します。

「ファイルを選択」から「Li-Po Battery.f3d」と「Propeller.f3d」を開いてアップロードします。

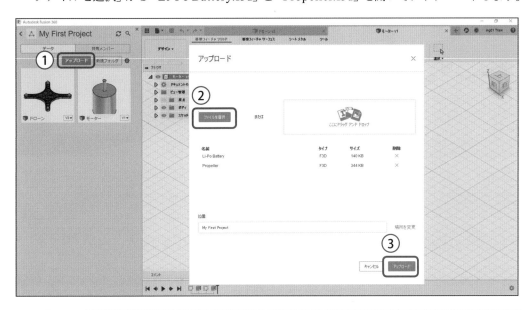

使用するデータは、以下のURLからダウンロードできます。
　　https://cad-kenkyujo.com/book/（「スリプリブック」で検索）
「ミニドローン」フォルダに入っているファイルを使用します。

「Propeller（プロペラ）」を右クリックして［現在のデザインに挿入］を選択し、形状が重ならない位置に移動します。

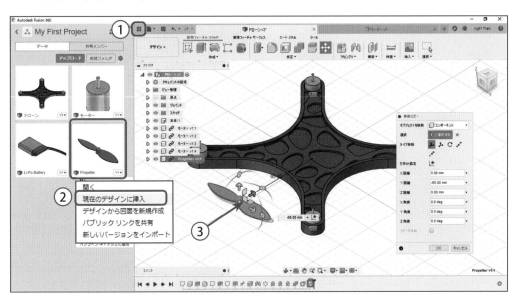

［アセンブリ］-［ジョイント］でプロペラの内側の原点を選択します。

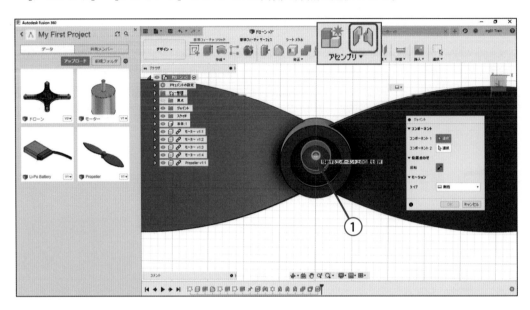

モーターの上面の原点を選択し、「タイプ」を「回転」に変更します。

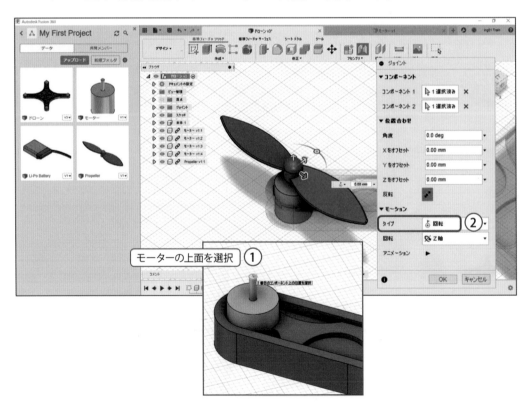

モーターの上面を選択 ①

[作成] - [パターン] - [円形状パターン] で、プロペラをコピーします。

「パターンタイプ」を「コンポーネント」に変更し、プロペラを選択します。「軸」で青色の軸を選択し、数量を「4」にします。

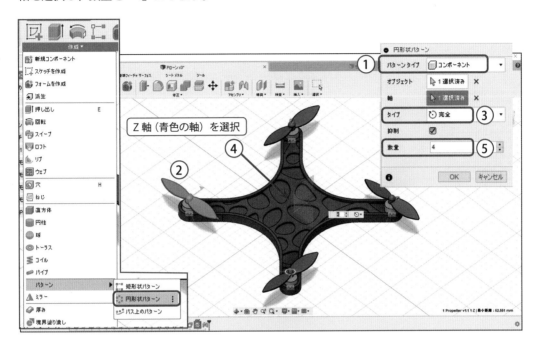

[アセンブリ] - [位置固定ジョイント] でプロペラとモーターの順で選択し、「タイプ」を「回転」に設定します。続けて、回転の原点をモーターの軸の一番下のエッジに設定します。

同様の操作を繰り返し、残り2つのモーターも回転ジョイントを付加します。

4.7 部品を格納するためのフタを作ろう

［アセンブリ］−［新規コンポーネント］で「名前」を「フタ」に変更します。

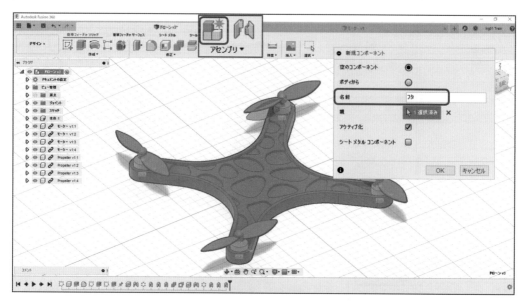

ワンポイントアドバイス

形状を作成する前に新規コンポーネントを作成しておくことで、スケッチやボディ、履歴が
コンポーネント内で管理されるため、便利です。

［スケッチを作成］で、本体の下側の面にスケッチを作成します。

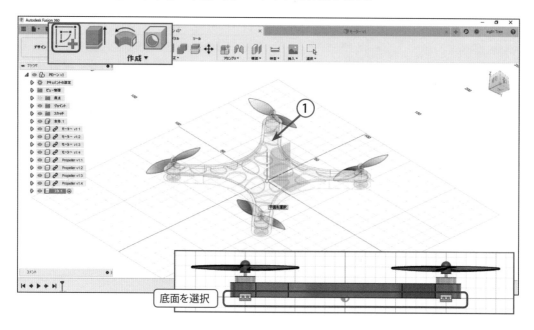

底面を選択

［作成］-［円］-［中心と直径で指定した円］で、原点を中心に80mmの円を作成します。

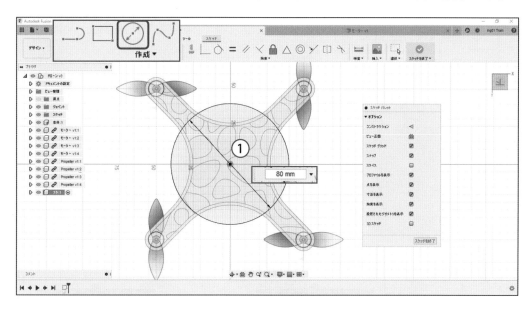

［スケッチを終了］でスケッチを終了し、［作成］-［押し出し］で−4mm押し出します。

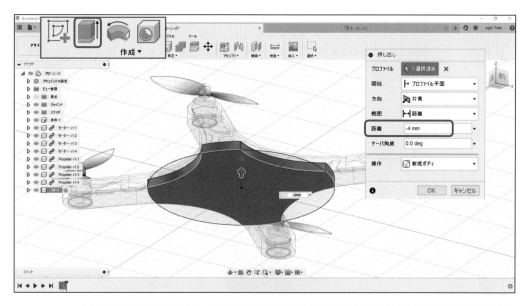

通常、形状がすでにある箇所に押し出しを行うと、自動的に「操作」が「切り取り」になりますが、新規コンポーネントがアクティブな状態で作業をしているため、自動的に「新規ボディ」になります。

［スケッチを作成］で、フタの内側の面を選択します。

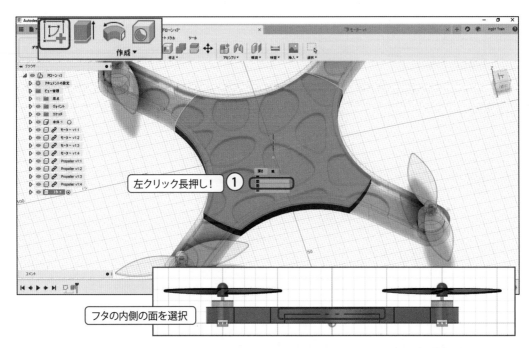

フタの内側の面を選択

形状が重なった個所の要素を選択する場合には、左クリック長押しが便利です。
マウスのある位置の手前側から順に形状の要素がハイライトするため、確実に選択したい面
をクリックできます。

［作成］-［円］-［中心と直径で指定した円］で、60 mm の円を作成し、［スケッチを終了］でスケッチを終了します。

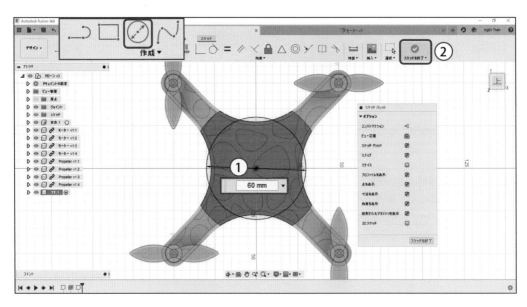

ブラウザで本体を非表示にし、［修正］-［プレス/プル］で4か所を–2mm押し出します。

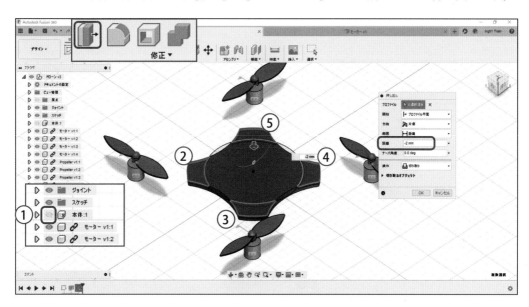

ブラウザで、「本体」の目のアイコンをONにし、「コンポーネントをアクティブ化」します。

　[修正]‐［結合］で本体からフタ部分を切り取ります。ターゲットボディで本体を、ツール
ボディでフタを選択し、「操作」を「切り取り」にして、「ツールを維持」にチェックを入れて
確定します。

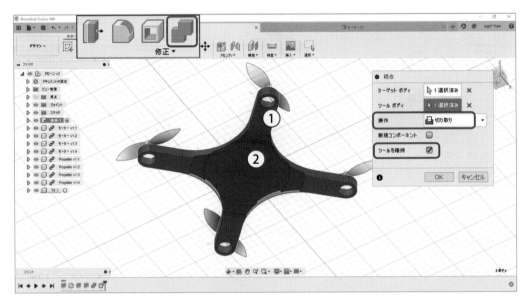

 「ツールを維持」のチェックが外れていると、ツールボディはなくなります。

　ブラウザのタイトル名で「コンポーネントをアクティブ化」にします。

［検査］-［コンポーネントのカラーサイクルの切り替え］を選択します。

コンポーネントごとに色分けが適用されます。履歴バーの各履歴の上部の色も、コンポーネントの色と同じ色が表示されます。

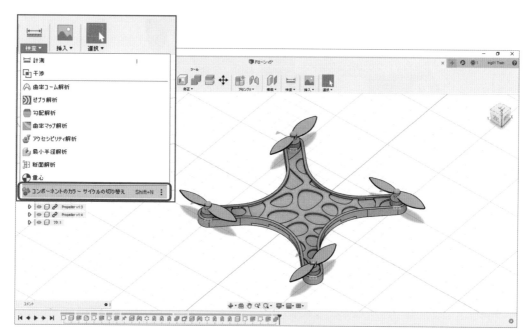

コンポーネントについた色は、レンダリングなどで使用される色とは異なります。
また、この設定は別のドキュメントにおいても適用されるため、元の形状色に変更する場合、もう一度同じコマンドを実行します。

［スケッチを作成］でフタの下面を選択します。

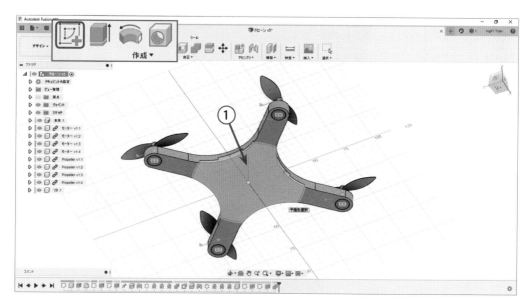

［作成］-［線分］で、原点から円弧の中点をつなぎます。

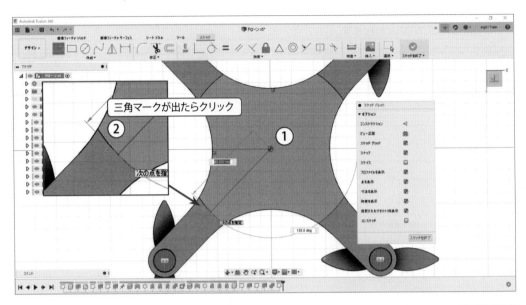

 表示される三角マークは、「中点」の拘束です。

［作成］-［点］で線分上の×マークが出る個所でクリックします。

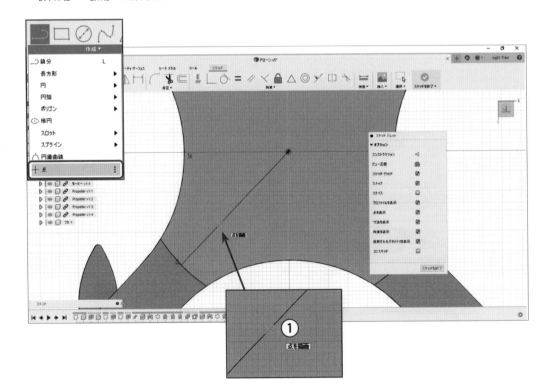

［作成］-［スケッチ寸法］で、端点と作成した点をクリックし、右クリックして［位置合わせ］を選択し、7 mmの寸法を付けます。［スケッチを終了］でスケッチを終了します。

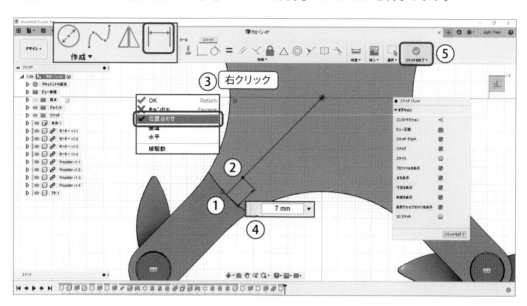

斜め方向の2点間の距離や、斜めの線分の長さ寸法を作成する場合、右クリックして［位置合わせ］を選択します。

［作成］-［穴］で、「配置」を「スケッチを参照（複数の穴）」で作成した点に穴を作成します。「先端角度」をフラット、「深さ」を4.5mm、「直径」を3.5mmに設定します。

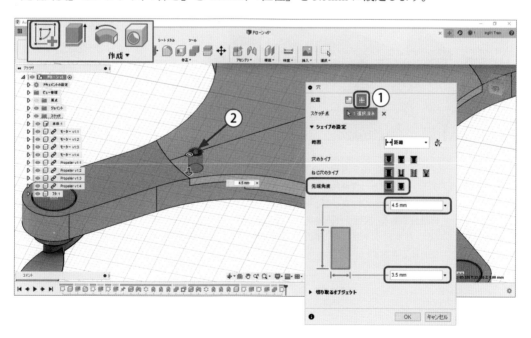

「先端角度」は、ドリルの先端角の設定です。今回は本体を 3D プリントすることを想定し、底が平坦な穴をあけるためにフラットに設定しています。

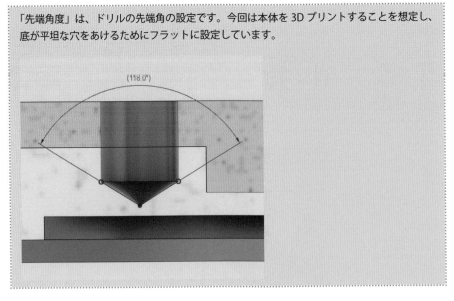

［修正］-［プレス／プル］で、本体側の面を選択します。

「オフセットタイプ」を「新規オフセット」に設定し、本体の穴を 0.5 mm オフセットします。

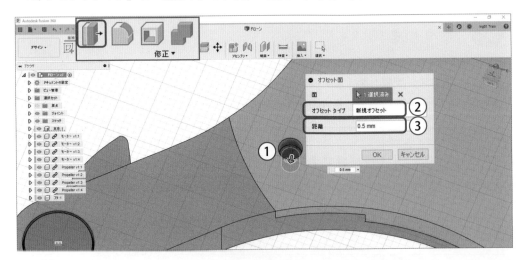

プレス／プルで面を選択した際に、「オフセット タイプ」が自動になっていると、面に関連するフィーチャ（作業履歴）がある場合にそのフィーチャの編集モードになります。今回の場合、「オフセット タイプ」＝「自動」で面を選択すると、直前に行った［穴］フィーチャの履歴である「直径」が編集され、値を変更すると本体とフタの穴が両方とも変更されます。「オフセット タイプ」を「新規オフセット」に変更することで本体の穴のみオフセットすることができます。

[修正] - [オフセット面] は [プレス / プル] の「オフセットタイプ」を「新規オフセット」と同じ動作をします。

[作成] - [パターン] - [円形状パターン] で、「パターンタイプ」を「フィーチャ」で、履歴バーから「穴」と「オフセット」の履歴をクリックします。「軸」で青色の軸（Z軸）を選択し数量を「4」にします。

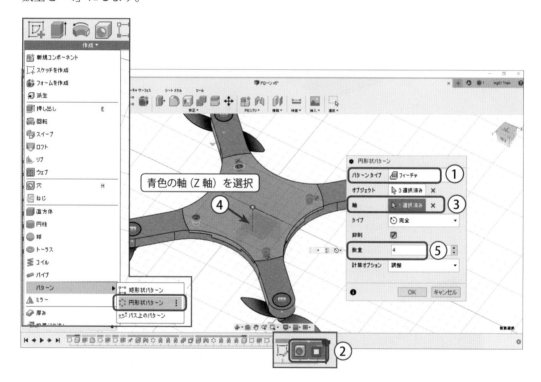

「プレス / プル」コマンドを使いこなそう

「プレス / プル」コマンドは、1 つのコマンドで複数の処理ができる機能です。非常に便利なコマンドなので、使いこなすと素早く作業できるようになります。選択する要素によって違う動作をしますので、ここでまとめます。

● **スケッチのプロファイルを選択した場合**

自動的に［押し出し］コマンドになります。

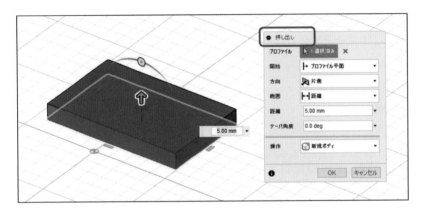

※コマンドの設定ダイアログボックスの上部タイトルが［押し出し］になることで確認できます。

● **形状のエッジを選択した場合**

自動的に［フィレット］コマンドになります。

※コマンドの設定ダイアログボックスの上部タイトルが［フィレット］になることで確認できます。

● 形状の面を選択した場合

選択した面によって、動作が異なります。

1. フィーチャ（作業履歴）がある面を選択した場合

押し出しをした形状の上面、フィレットを付けたフィレット面、シェルをした面などを選択すると、作業履歴の修正モードになります。その履歴で入力していた数値が表示され、編集中のフィーチャには斜線がつきます。

2. フィーチャ（作業履歴）がない面を選択した場合

選択した面に関連する編集可能なフィーチャがない場合、「オフセット」の処理になります。確実にオフセットをしたい場合、「オフセット タイプ」を「新規オフセット」に設定します。

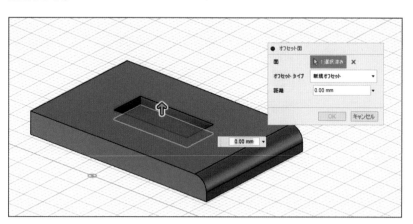

4.8 ボルト部品を配置しよう

［挿入］-［McMaster Carr コンポーネントを挿入］でボルトを配置します。

初回のみ、以下のようなメッセージが表示されますので［OK］を選択してください。

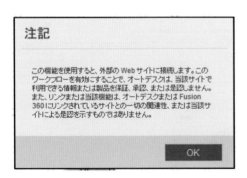

「Screws & Bolts」を選択します。

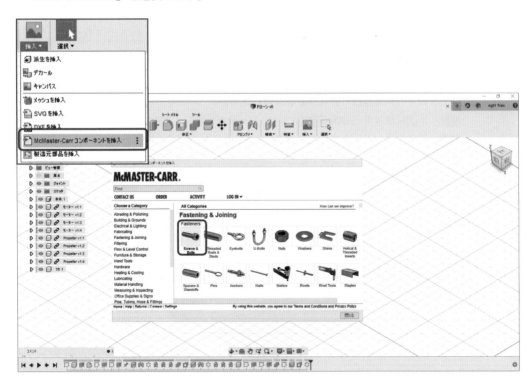

「Rounded Head Screws」を選択します。

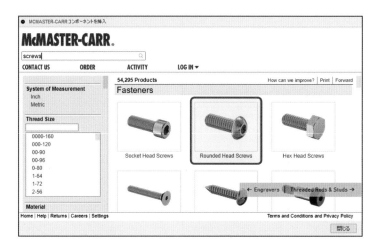

「Metric」を選択します。

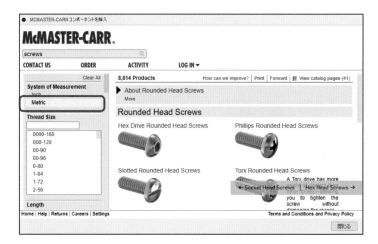

「Phillips Rounded Head Screws」を選択します。

「M3」を選択すると、「Metric 316 Stainless Steel Pan Head Phillips Screws」が表示されます。

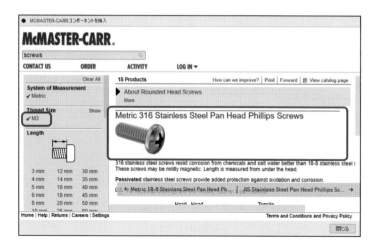

「90116A147」を選択します。

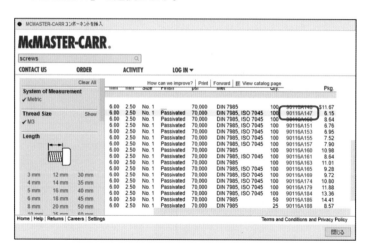

「Product Detail」を選択します。

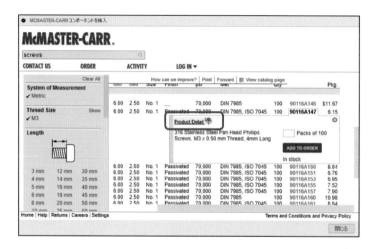

「3-D STEP」に設定し、[SAVE] を選択します。

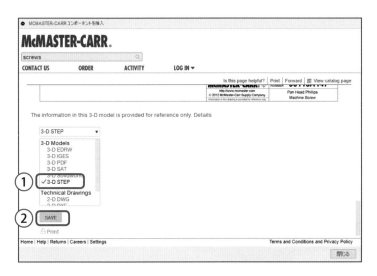

配置されたボルトを任意の位置に移動します。

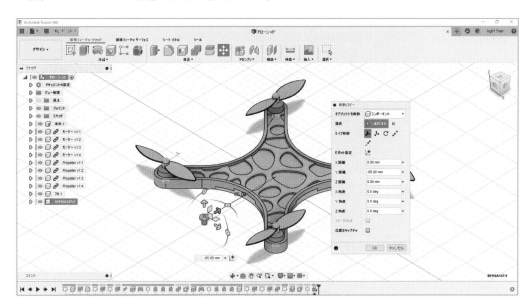

［アセンブリ］-［ジョイント］でボルトを穴に配置します。

「一部のコンポーネントが移動されています」のダイアログボックスで、「位置をキャプチャ」を選択します。

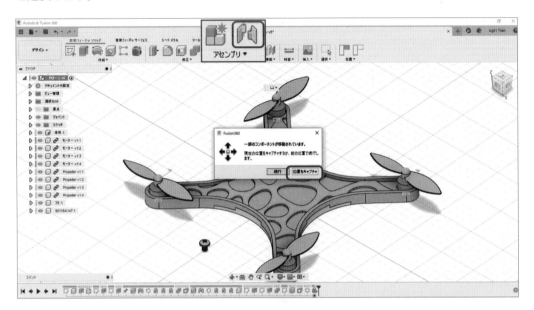

［McMaster-Carrコンポーネントを挿入］コマンドで挿入した部品は、配置位置を移動するとコンポーネントを移動したことになります。

コンポーネントを移動した位置で作業を進める場合、［位置をキャプチャ］で現在の位置をキャプチャすることができます。

裏側の面の上にマウスを移動し、面がハイライトしている状態で Ctrl キー（Mac は ⌘ キー）を押しながら中心の原点を選択します。

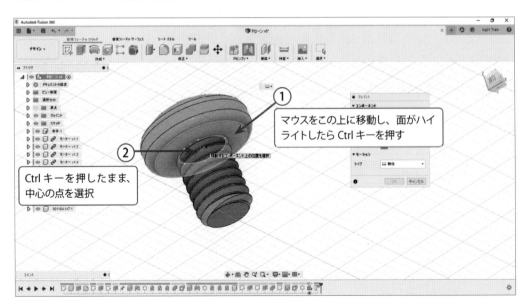

① マウスをこの上に移動し、面がハイライトしたら Ctrl キーを押す

② Ctrl キーを押したまま、中心の点を選択

面の上にマウスがある状態で Ctrl キー（Mac は ⌘ キー）を押すと、ジョイント原点の候補が表示されたままになります。

Ctrl キー（Mac は ⌘ キー）を押しながらフタの穴の中心原点を選択し、剛性のジョイントを付加します。

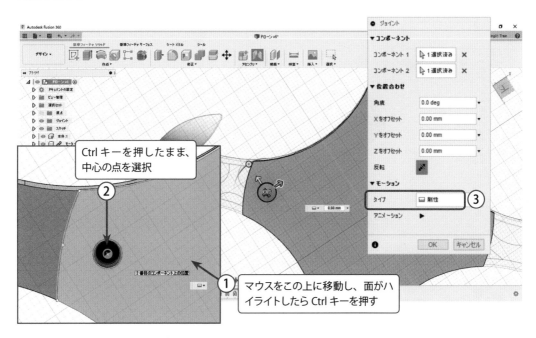

［作成］-［パターン］-［円形状パターン］で、ボルトをコピーします。

「パターンタイプ」を「コンポーネント」に変更し、ボルトを選択します。「軸」で青色の軸（Z軸）を選択し、数量を「4」にします。

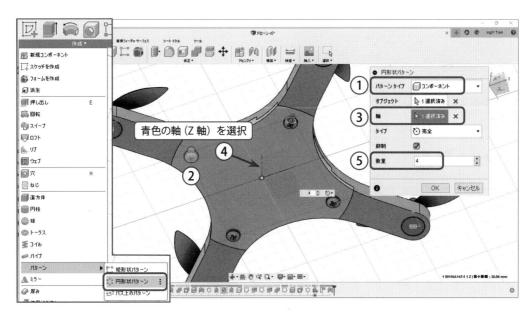

［アセンブリ］-［位置固定ジョイント］でフタとボルトを剛性ジョイントで固定します。
同様の操作で、すべてのボルトを固定します。

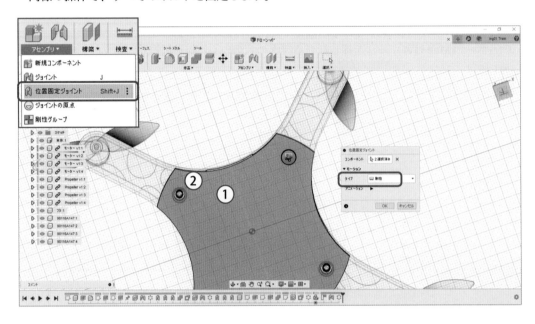

4.9　バッテリーを配置しよう

データパネルを開き、「Li-Po Battery」を右クリックして［現在のデザインに挿入］を選択します。

形状が重ならない位置に移動します。

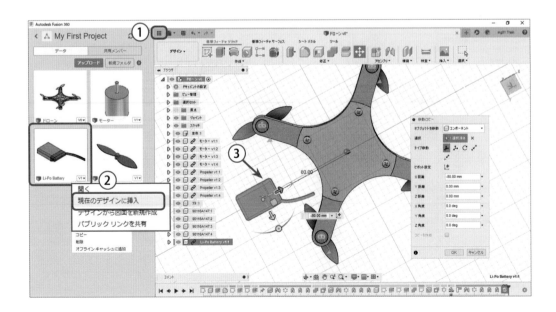

［アセンブリ］-［ジョイント］でバッテリーの上面の真ん中を選択します。

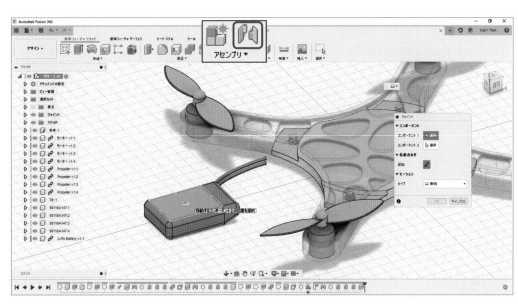

フタの中心原点を選択し、「タイプ」を「スライダ」に、「スライド」を「X軸」にそれぞれ
変更します。

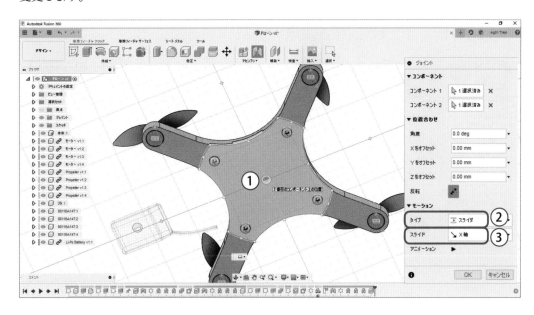

4.10 バッテリーカバーを作ろう

［アセンブリ］-［新規コンポーネント］で「名前」を「バッテリーカバー」に設定します。

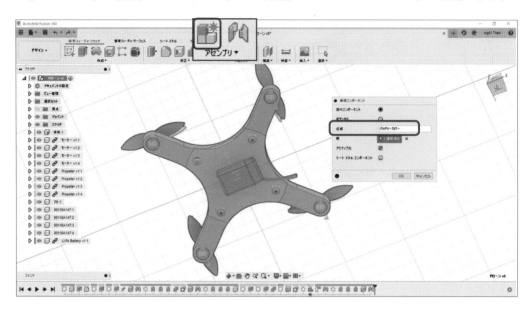

［スケッチを作成］でフタの底面を選択します。

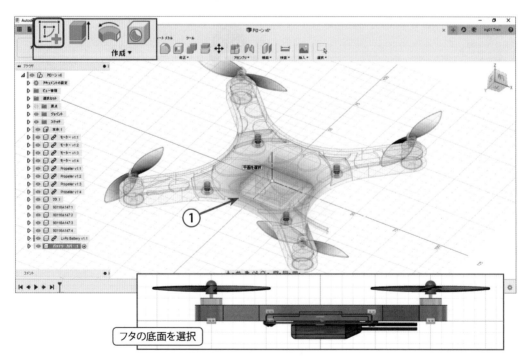

フタの底面を選択

　［作成］-［長方形］-［2点指定の長方形］で、Ctrlキー（Macは⌘キー）を押しながらバッテリーを囲む長方形を作成します。

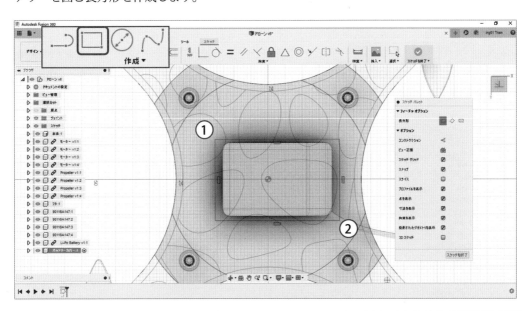

　スケッチを作成する際にCtrlキー（Macは⌘キー）を押しながらクリックすると、他の形状のエッジなどを認識しなくなり、形状と関連を持たないスケッチを作成できます。

　［拘束］-［同一直線上］で長方形の各辺の線を、バッテリーの外側のエッジに揃え、［スケッチを終了］でスケッチを終了します。

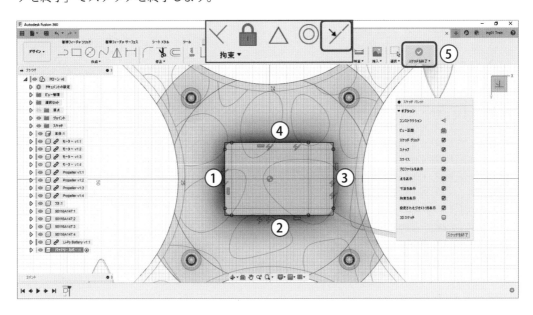

[作成] - [押し出し] で作成した長方形を選択し、「範囲」を「オブジェクト」に設定し、バッテリーの上面を選択します。

「面をチェーン」を「面を延長」に設定します。

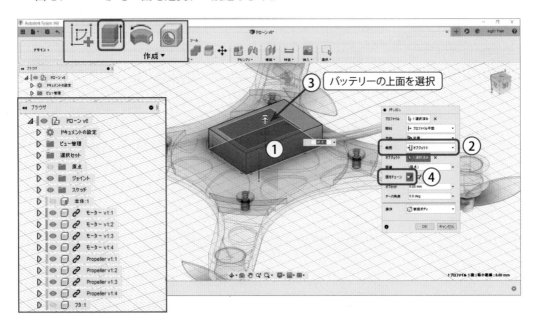

ブラウザで「本体」と「フタ」の目のアイコンを OFF にします。

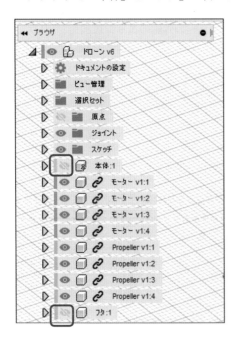

　［修正］-［シェル］でフタ側の3面を選択し、「方向」を「外側」に、「外側の厚さ」を1 mmに設定します。

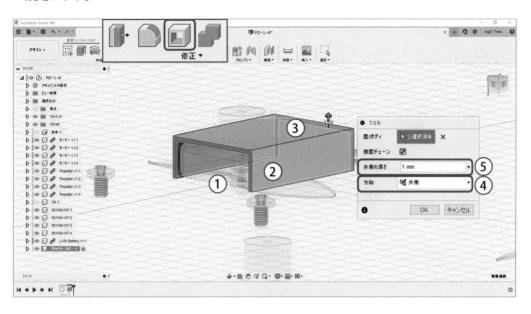

　［スケッチを作成］で、バッテリーカバーの側面を選択します。

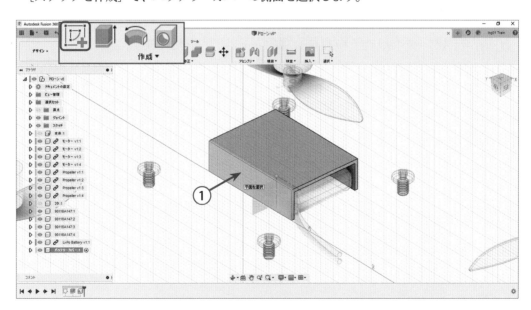

［作成］-［長方形］-［2点指定の長方形］で、以下のような長方形を作成します。

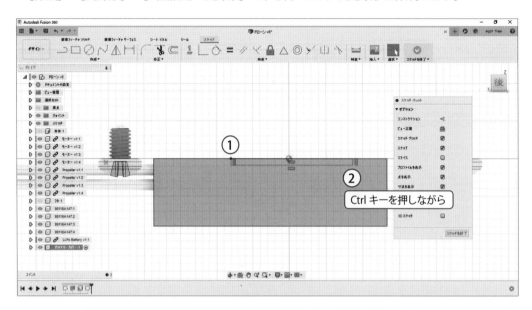

2点目を選択する際には、形状との関連をつけないため、Ctrlキー（Macは⌘キー）を押しながらクリックしてください。

［作成］-［スケッチ寸法］で、横13mm、縦1mmの寸法を付加します。

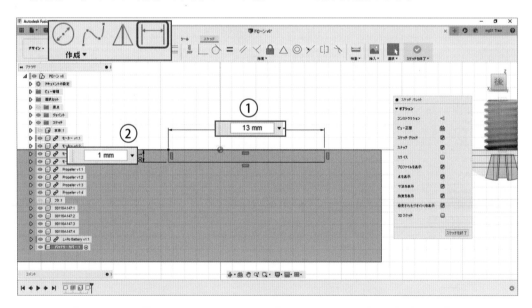

[拘束] - [中点] で、作成した長方形の横線とバッテリーカバーのエッジを選択し、[スケッチを終了] でスケッチを終了します。

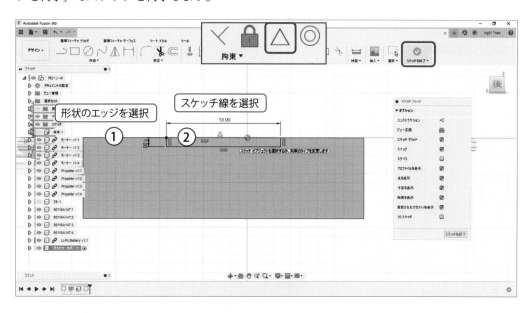

[作成] - [押し出し] で 10 mm 押し出します。

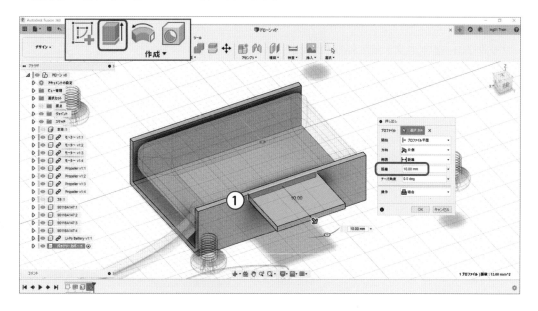

［作成］-［ミラー］で「パターンタイプ」を「フィーチャ」で押し出しの履歴を選択し、対称にコピーします。

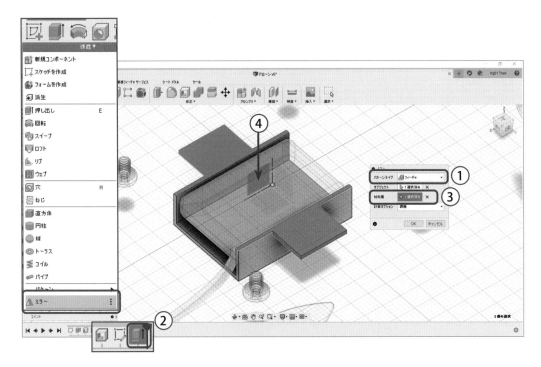

ブラウザの一番上のファイル名の「コンポーネントをアクティブ化」にします。

また、「本体」と「フタ」の目のアイコンをONにします。

［スケッチを作成］でバッテリーカバーの側面上部の面を選択します。

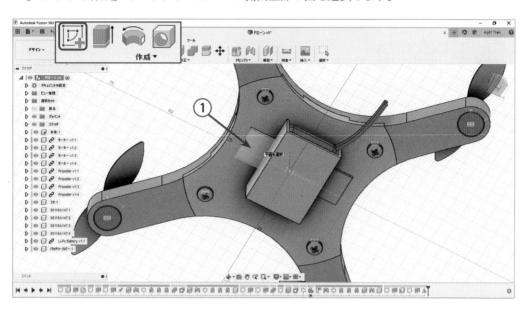

［作成］-［線分］で対角線を作成し、［作成］-［点］で作成した線分の中点に点を作成し、［スケッチを終了］でスケッチを終了します。

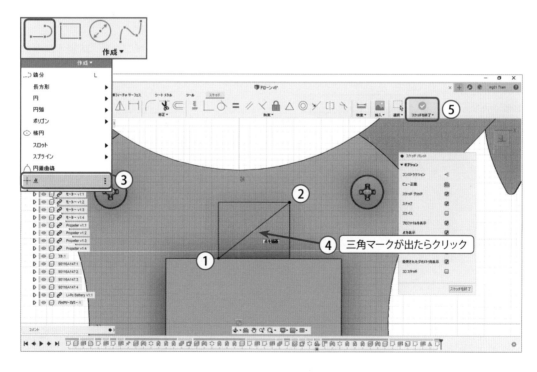

［作成］-［穴］で、「配置」を「スケッチを参照（複数の穴）」、先端角度を「フラット」、「深さ」を 4.5 mm、「直径」を 3.5 mm に設定します。

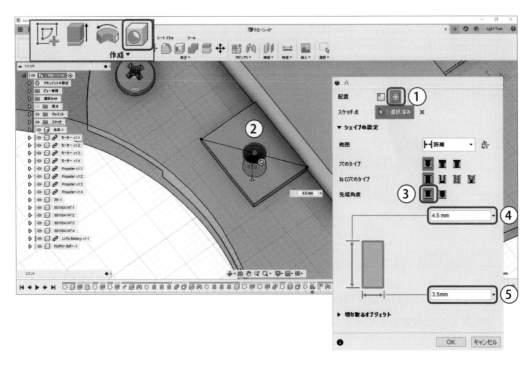

［修正］-［プレス / プル］で、フタ側の円柱面を選択し、「オフセットタイプ」を「新規オフセット」に設定し、内側に 0.5 mm オフセットします。

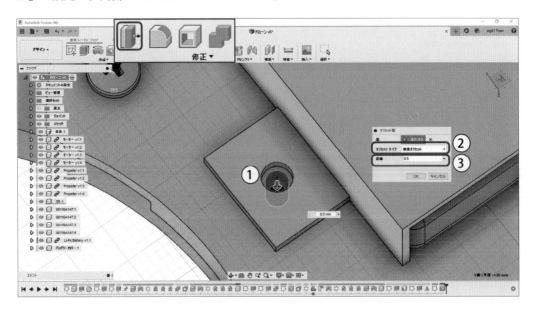

[作成] - [ミラー] で、「パターンタイプ」を「フィーチャ」に変更し、履歴バーから「穴」と「オフセット」の履歴をクリックし、対称面でXZ平面を選択し左右対称にコピーします。

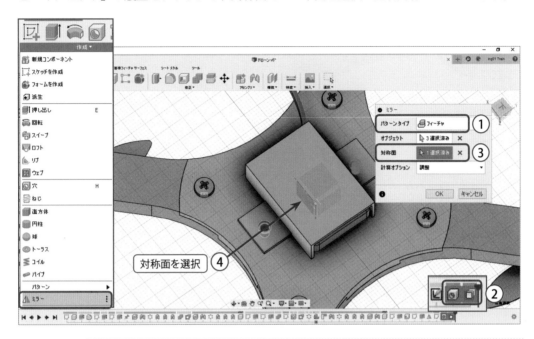

対称面を選択 ④

対称面を選択しにくい場合、左クリック長押しで「作業平面」を選択してください。

ボルトをコピーするため、「90116A147」を右クリックして [コピー] を選択します。

画面上で右クリックして［貼り付け］を選択し、任意の位置に移動します。

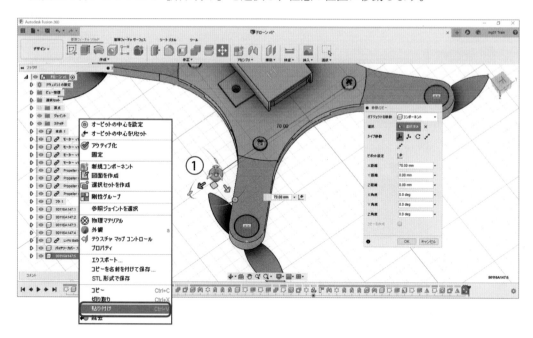

［アセンブリ］-［ジョイント］でCtrlキー（Macは⌘キー）を押しながら根元の中心原点を選択し、バッテリーカバーの穴に配置します。

「タイプ」を「剛性」に変更します。

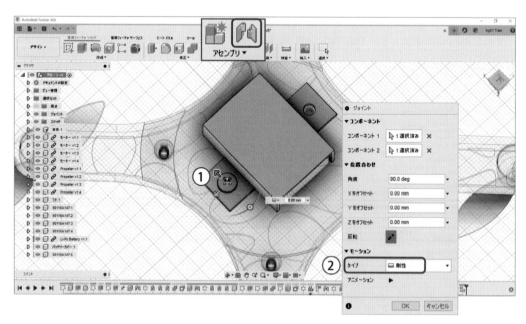

再度右クリックして［貼り付け］を行い、移動および［アセンブリ］-［ジョイント］で反対側の穴に配置します。

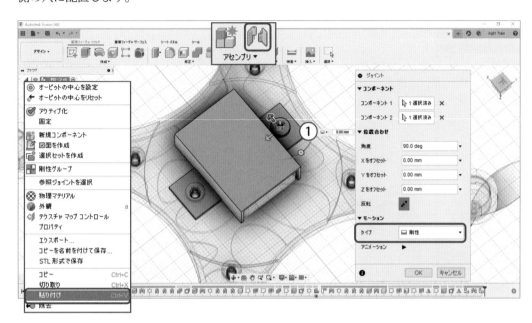

 ［作成］-［ミラー］で反転すると、元の形状の反転形状として認識されます。そのため、同じ部品という認識にして部品リストでの自動カウントを行う場合、ミラーコマンドは使用しません。

［検査］-［コンポーネントのカラーサイクルの切り替え］で元の色に戻します。

[修正] - [物理マテリアル] で [プラスチック] - [ABS プラスチック] を「本体」と「フタ」
にドラッグ & ドロップします。

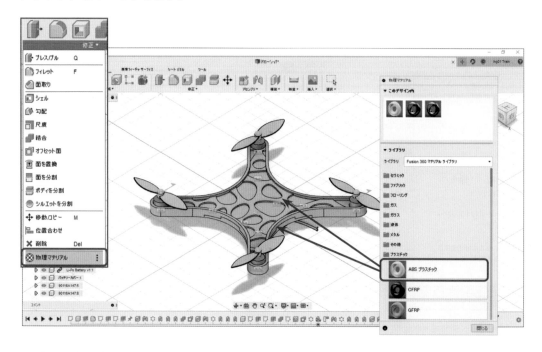

　ブラウザで「本体」を右クリックして [プロパティ] を選択し、「プロパティ」ダイアログボック
スで質量を確認します。

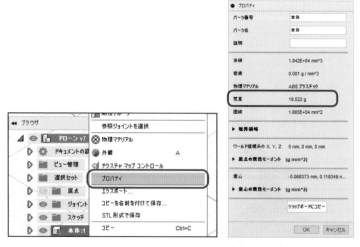

［物理マテリアル］で材質を定義すると、材料の密度や強度などの物性が割り当たります。

質量は、初めに適用した Voronoi スケッチの配置位置によって異なる可能性があります。

4.11 サーフェスで足部分の部品を作ろう

［アセンブリ］-［新規コンポーネント］で、「名前」を「Leg」に変更します。

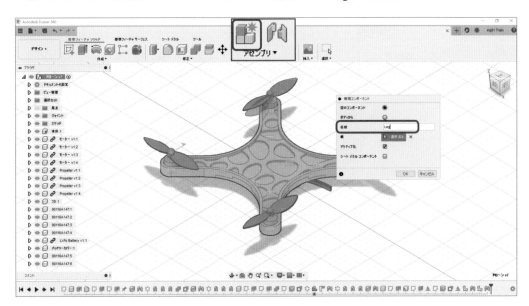

［スケッチを作成］で、フタの底面を選択します。

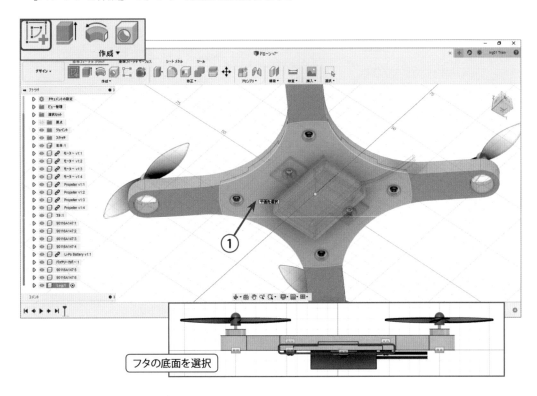

フタの底面を選択

　［作成］-［円弧］-［中心点円弧］で、緑色の中心線付近を中心に、Ctrl キー（Mac は⌘キー）を押しながら下のような円弧を作成します。

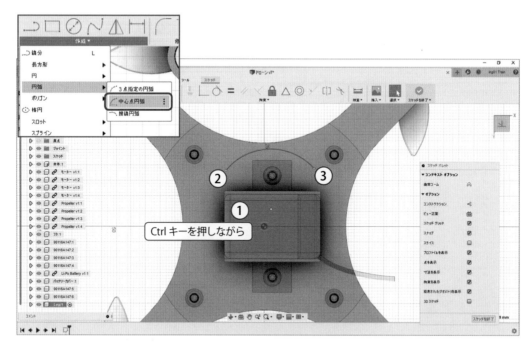

　［拘束］-［水平 / 垂直］で円弧の両端同士、円弧の中心点と原点に拘束を付けます。

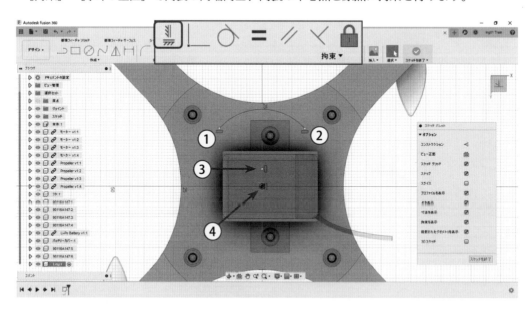

［作成］‐［スケッチ寸法］で原点から縦18 mm、横15 mm、R30 mmの寸法を付加し、
［スケッチを終了］でスケッチを終了します。

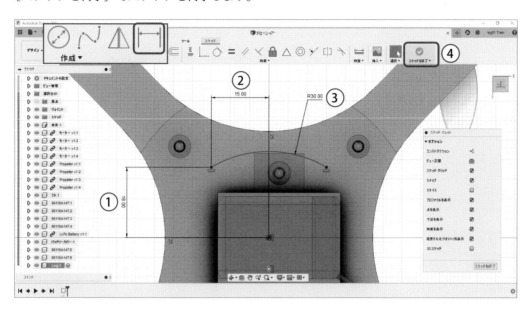

［スケッチを作成］で横向きの平面を選択します。

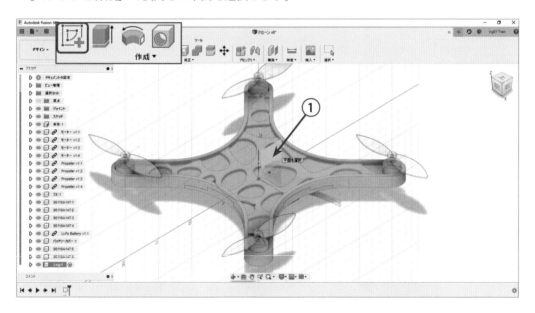

[作成] - [円弧] - [3点指定の円弧] で、以下のような円弧を作成します。

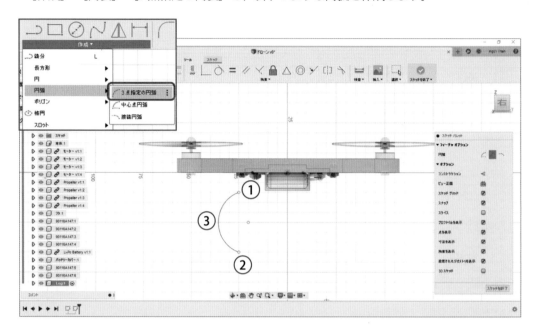

[作成] - [プロジェクト / 含める] - [プロジェクト] で、ひとつ前のスケッチで作成した円弧を選択し、投影します。

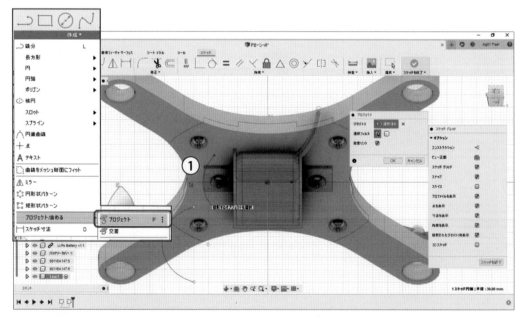

[プロジェクト] は、選択した要素を現在のスケッチ平面に投影する機能です。

[拘束]-[一致]で円弧の端点を、投影した円弧の中点に一致させます。

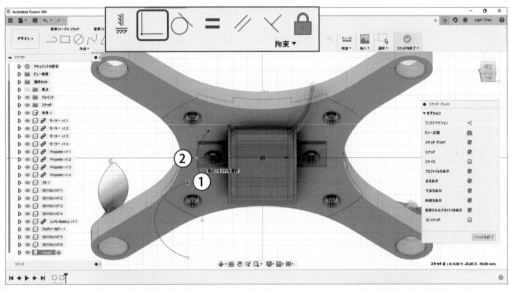

「スケッチパレット」-[ビュー正面]を選択します。

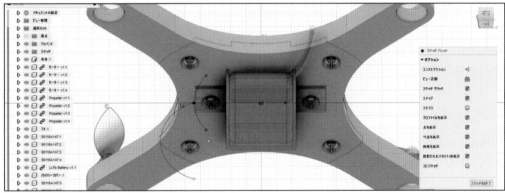

[ビュー正面]は、現在作業中のスケッチの正面からの視点に切り替える機能です。

　[作成] - [スケッチ寸法] で、縦 20 mm、横 20 mm、R30 mm の寸法を付加し、[スケッチを終了] でスケッチを終了します。

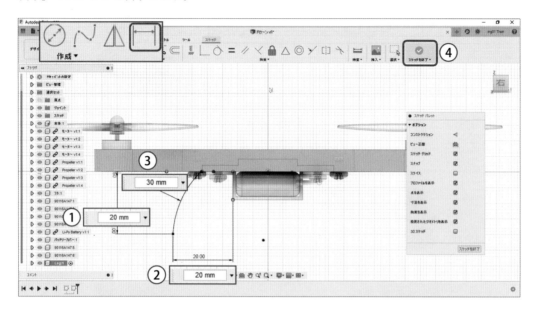

　ツールバータブを [基準フィーチャサーフェス] に変更します。

　[作成] - [スイープ] で、はじめに描いた円弧を「プロファイル」、2 番目に描いた円弧を「パス」として選択します。

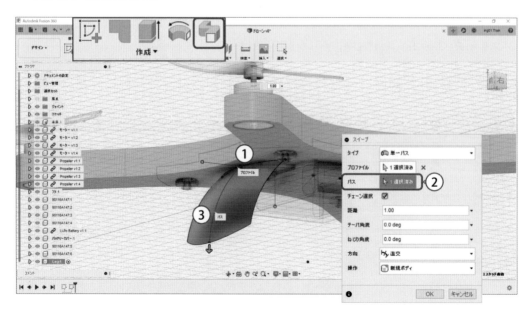

［基準フィーチャサーフェス］では、厚みが0の「サーフェス形状」を作成することができます。

［スケッチを作成］で横向きの平面を選択します。

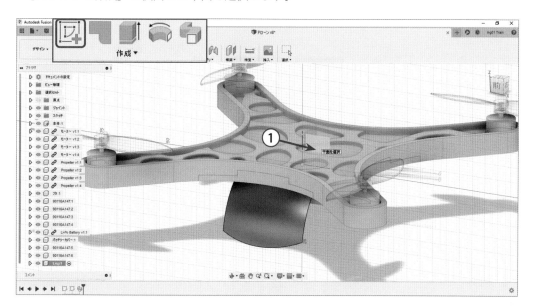

［長方形］-［2点指定の長方形］で、Ctrlキー（Macは⌘キー）を押しながら、以下のような長方形を作成します。

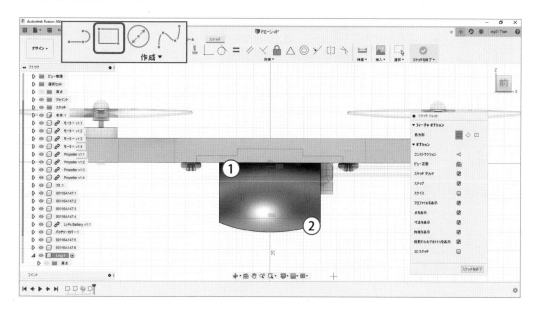

［作成］-［スケッチ寸法］で横 27 mm、縦 17 mm の寸法を作成します。

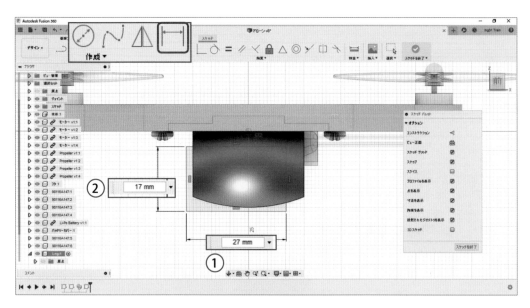

［拘束］-［中点］でスケッチの上辺とフタ形状のエッジを選択します。

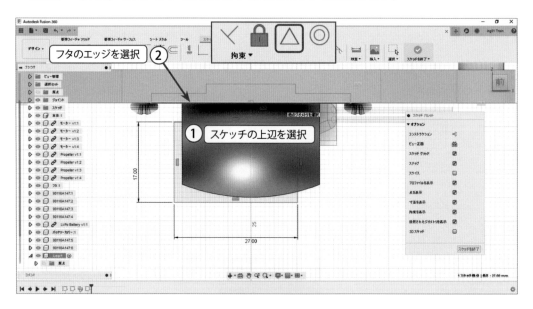

[修正]-[フィレット]で5 mmのフィレットを作成し、[スケッチを終了]でスケッチを終了します。

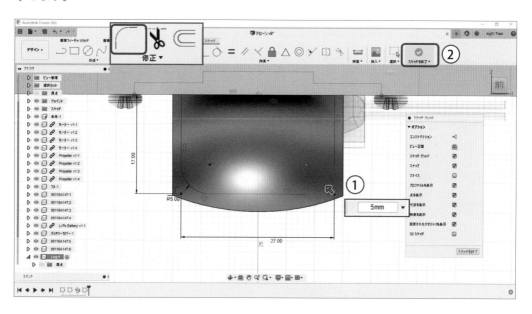

[スケッチを作成]で横向きの平面を選択します。

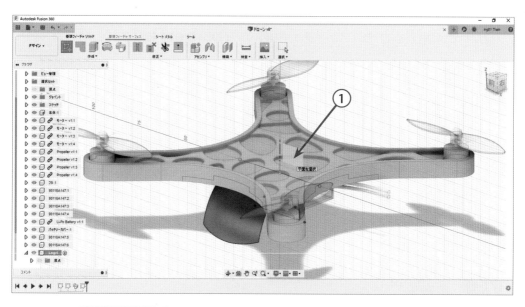

 今から作成するスケッチは3次元的なスケッチのため、選択する平面はどの平面でも問題ありません。

［作成］-［プロジェクト / 含める］-［サーフェスに投影］で投影する面を選択し、「投影タイプ」を「ベクトルに沿って」に変更し、「曲線」で投影する曲線をすべて投影します。投影方向は緑色の軸（Y 軸）を選択します。［スケッチを終了］でスケッチを終了します。

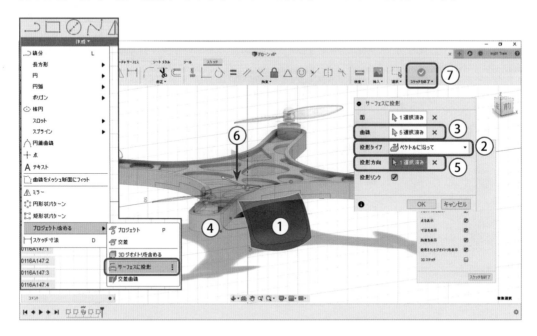

ブラウザで、「ボディ 1」と「スケッチ 3」の目のアイコンを OFF にします。

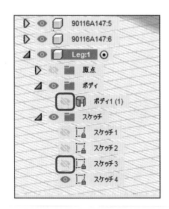

 作成した形状は、この 3 次元的なスケッチを作成するために使用するためのダミーサーフェスです。

［構築］-［パスに沿った平面］で投影したスケッチの端に平面を作成します。

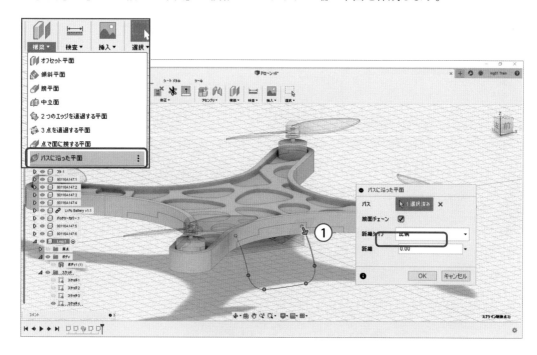

［スケッチを作成］で作成した平面を選択します。

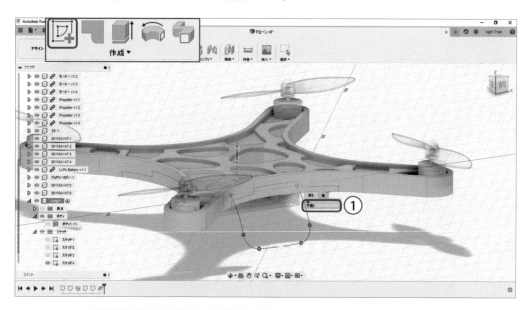

左クリックを長押しすることで、奥に隠れた要素を選択できます。

　[作成]-[ポリゴン]-[外接ポリゴン]で「スケッチ4」の端点を選択し、以下のような六角形を作成します。

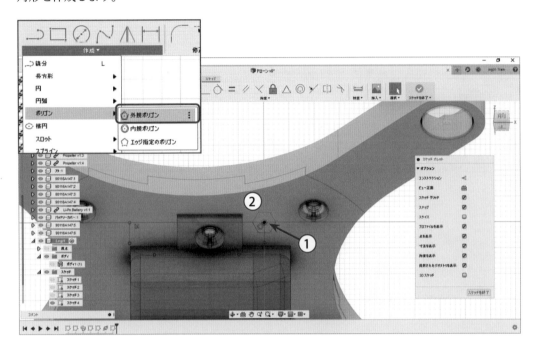

　[作成]-[スケッチ寸法]で3mmの幅に変更し、[スケッチを終了]でスケッチを終了します。

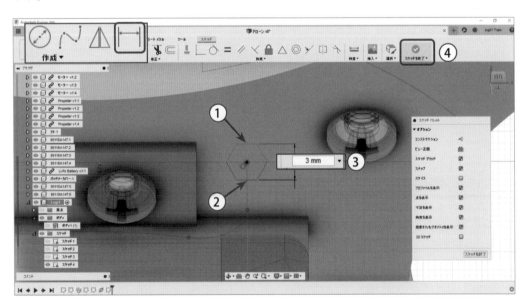

［基準フィーチャソリッド］に戻ります。

　［作成］-［スイープ］で「プロファイル」に六角形を、「パス」で投影したスケッチを六角形に近い個所から順にすべて選択します。

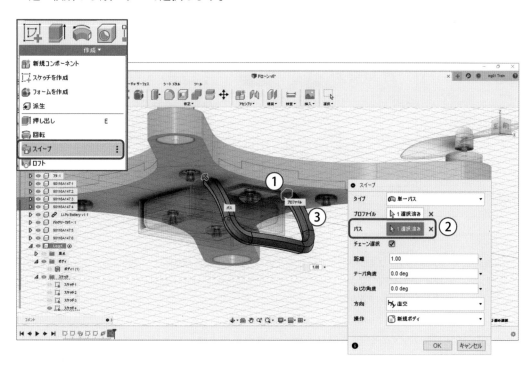

　また、「本体」と「フタ」の目のアイコンを OFF にします。

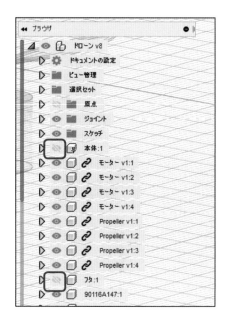

［作成］-［パターン］-［円形状パターン］で、「パターンタイプ」を「コンポーネント」にし、Legを2つにコピーします。

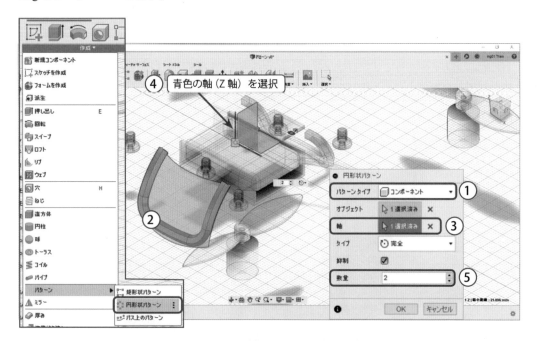

［パターン］コマンドでコピーすることで、Legという部品が2つ使用されているという認識になります。［ミラー］コマンドでコピーすると、Leg（左部品）とLeg（右部品）というイメージで、別の部品として認識されます。

［修正］-［プレス/プル］でLeg部品の端面を選択し、「オフセットタイプ」を「新規オフセット」にし、3mm延長します。

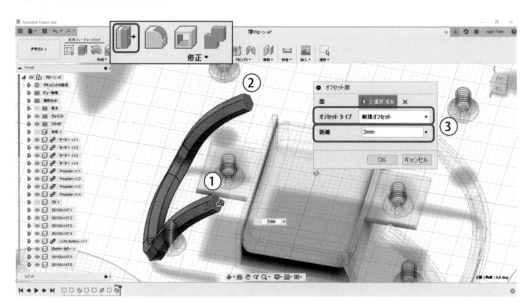

コンポーネントをコピーしているため、両方のコンポーネントに変更が適用されます。

ブラウザで、一番上のファイル名を「コンポーネントをアクティブ化」にします。

ブラウザで「本体」と「フタ」を表示し、［修正］-［結合］でフタから Leg を切り取ります。「ツールを維持」のチェックが入っていることを確認してください。

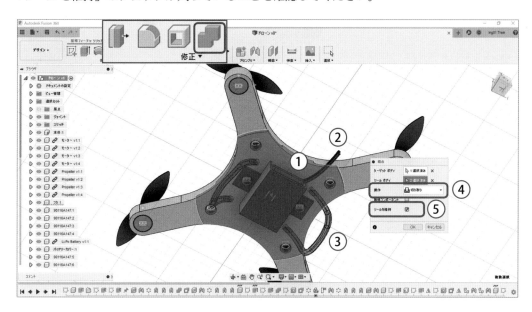

［修正］-［物理マテリアル］で「プラスチック」-［ABS プラスチック］を Leg にドラッグ＆ドロップします。

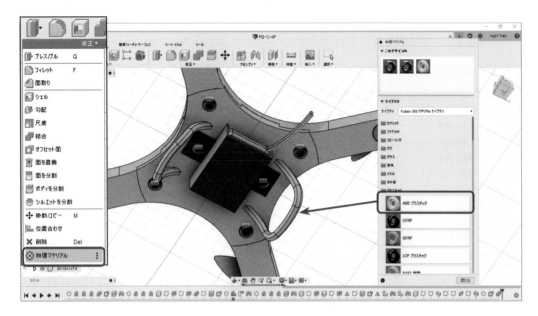

完成です！

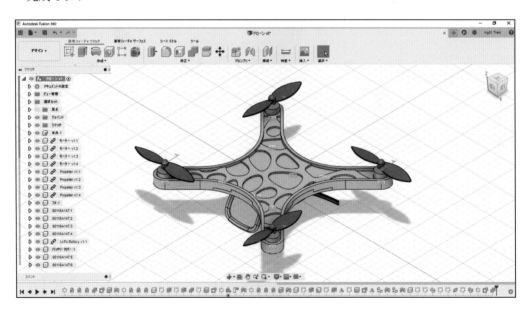

4.12 課題『3D プリンター』（アセンブリ）

以下の画像の 3D プリンターを作ってみましょう。

完成品

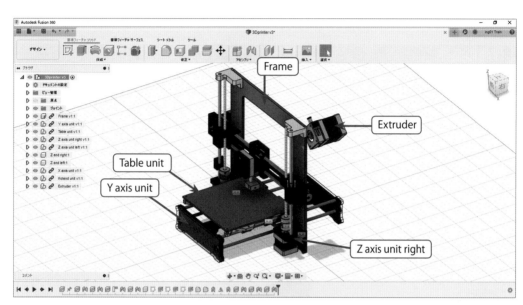

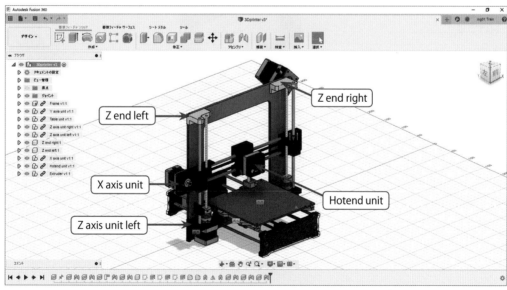

今回使用する 3D プリンターは、組み立て式の 3D プリンター「atom」です。

「atom」
製作：加藤大直 /RepRap Community Japan
販売：株式会社 MagnaRecta

「atom」に関する記載の情報、および、製品データの著作権は加藤大直に帰属します。ダウンロードしていただいたデータは、オリジナルのデータを簡略化したモデルです。

作成の条件

● 部品のデータは、以下の URL にアクセスし、巻末の袋とじ内に記されているナンバーを入力してダウンロードしてください。

　　　https://cad-kenkyujo.com/book/（「スリプリブック」で検索）

● 「Frame」を基準に組み立ててください。
● 「Y axis unit」の下側のシャフトの中心を、「Frame」の中心から 20 mm オフセットした位置に固定します。

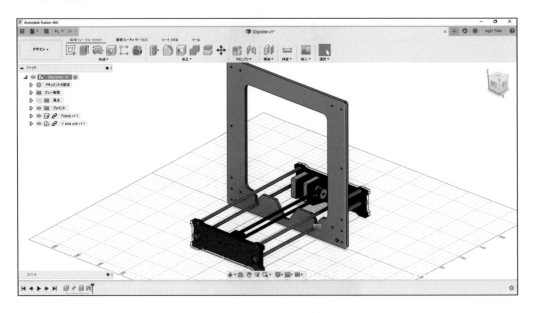

●「Table unit」を、上側のシャフトにスライドするように組み立てます。

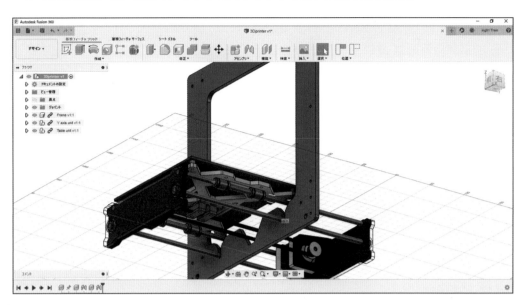

●「Z axis unit right」を「Frame」の取り付け穴を基準に固定します。

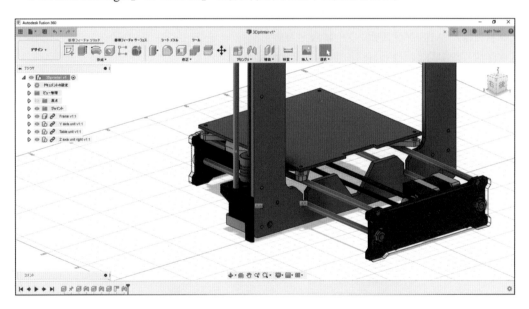

● 「Z axis unit left」を「Frame」の取り付け穴を基準に固定します。

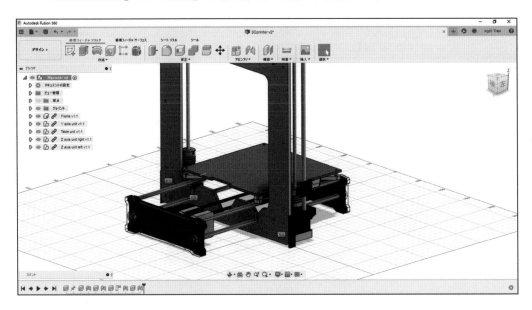

● 「Z axis unit right」の上端に、以下のような部品「Z end right」を作成します。

● 穴は、隣接する部品のシャフトや穴と同じ位置に作成します。

● 材質は、「ABS プラスチック」に設定します。

● 作成した部品は、「Frame」に固定します。

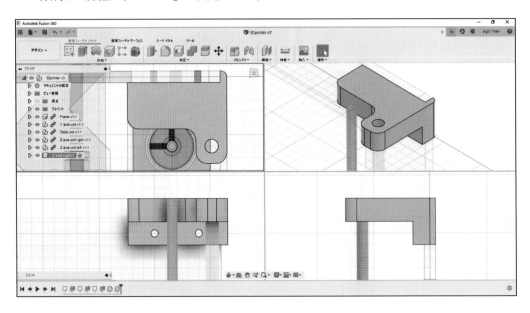

●「Z axis unit left」の上端の部品はコピーして作成し、「Frame」に固定します。

●部品の名前は「Z end left」に変更します。

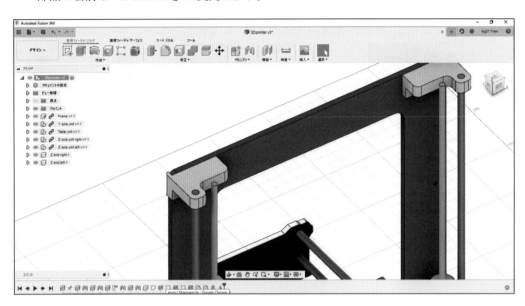

●「X axis unit」を「Z axis unit」の中心にスライドするように組み立てます。

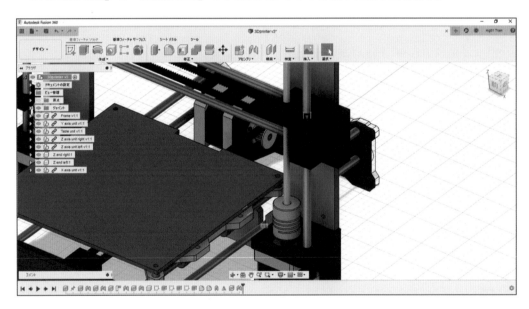

●「Hotend unit」を「X axis unit」のシャフトの中心に、スライドするように組み立てます。

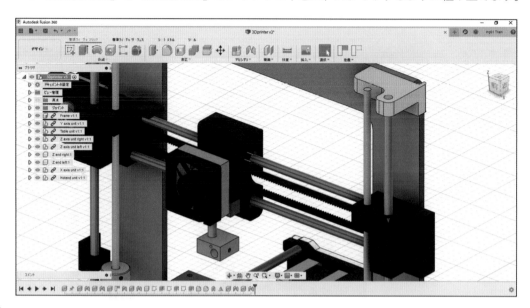

●「Extruder」を「Frame」に組み立てます。
● 135 度の角度になるように調整します。

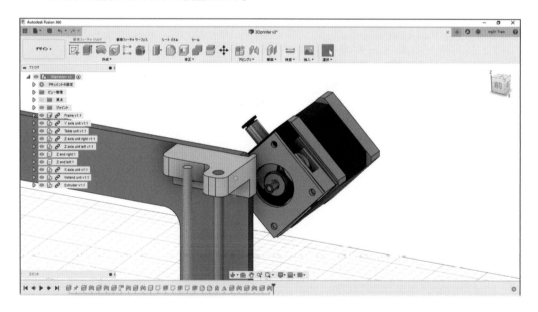

作成のヒント

① データパネルの［アップロード］で、使用する部品データをアップロードします。
② 配置先のデザインを、任意の名前で［保存］します。
③「Frame」を配置して基準にします。固定しておくと移動しなくなります。
④「Y axis unit」は固定される部品のため、剛性ジョイントを付加します。

⑤ジョイントを付加する際に、Z 方向に 20 mm オフセットします。

⑥「Table unit」はスライドする部品のため、スライドジョイントを付加します。

⑦「Z unit right」と「Z axis unit left」は固定される部品のため、剛性ジョイントを付加します。

⑧「Z axis end right」は、[新規コンポーネント] で空のコンポーネントを作成し、アクティブ化してから作業をします。

⑨フレームの上面に以下のスケッチを作成し、20 mm 押し出します。シャフト部分は [プロジェクト] コマンドでシャフトを投影します。

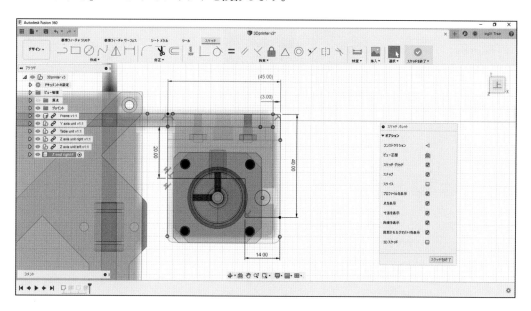

⑩外側の側面に以下のようなスケッチを作成し、[押し出し] で切り取ります。

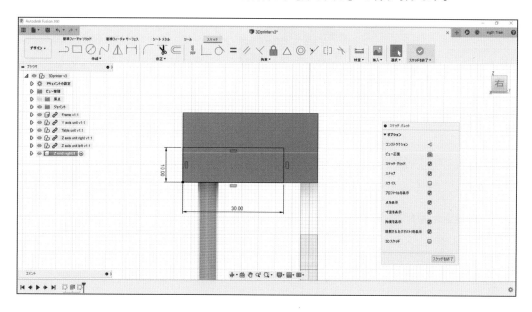

⑪切り取った面に、［プロジェクト］コマンドで「Frame」の穴を投影し、［押し出し］で切り取ります。

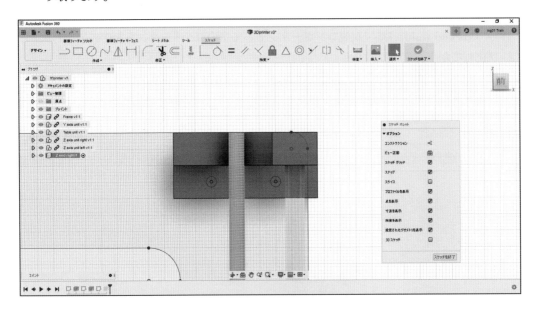

⑫2.5 mm と 5 mm のフィレットを作成します。

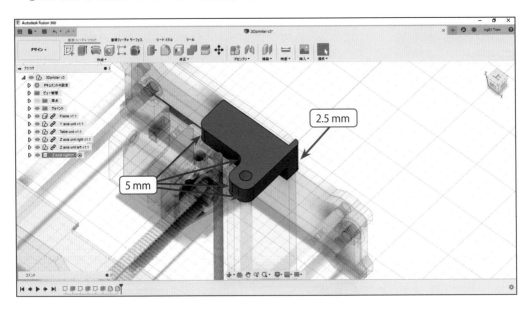

⑬［位置固定ジョイント］で剛性のジョイントを付加します。

⑭「Z end right」は［ミラー］コマンドでコピーし、ブラウザで名前を変更します。［位置固定ジョイント］で固定しておきます。

⑮「X axis unit」はスライドする部品のため、スライドジョイントを付加します。

⑯「Hotend unit」はスライドする部品のため、スライドジョイントを付加します。

⑰「Extruder」は回転する部品のため、回転ジョイントを付加します。

今回のモデル作成のための推奨コマンド

- ●［アセンブリ］-［ジョイント］-「剛性」
- ●［アセンブリ］-［ジョイント］-「スライド」
- ●［アセンブリ］-［ジョイント］-「回転」
- ●［アセンブリ］-［位置固定ジョイント］-「剛性」
- ●［アセンブリ］-［新規コンポーネント］
- ●［スケッチを作成］-［作成］-［長方形］-［2点指定の長方形］
- ●［スケッチを作成］-［作成］-［線分］
- ●［スケッチを作成］-［作成］-［プロジェクト／含める］-［プロジェクト］
- ●［スケッチを作成］-［作成］-［スケッチ寸法］
- ●［作成］-［押し出し］
- ●［作成］-［ミラー］
- ●［修正］-［フィレット］

解答

解答は、以下URLにてご紹介しております。

　　https://cad-kenkyujo.com/book/（「スリプリブック」で検索）

4.13　課題『椅子』（サーフェスモデリング）

以下の画像の椅子を作ってみましょう。

完成品

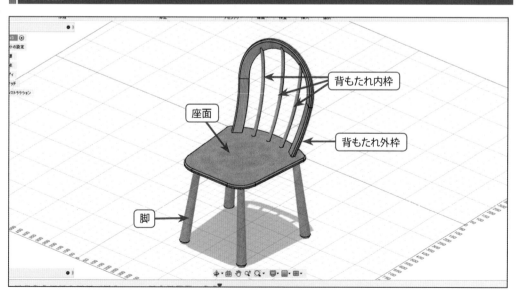

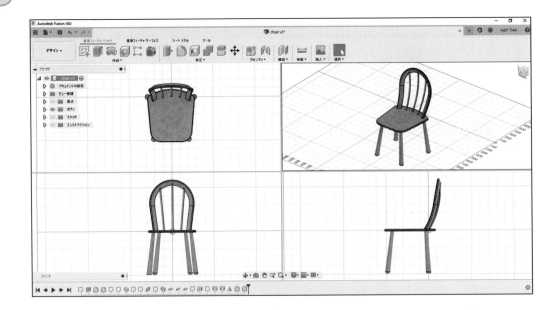

作成の条件

● 「座面」のスケッチ

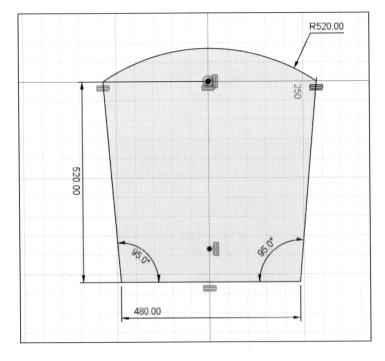

● 「座面」の厚さ：24 mm
● 背もたれ側の座面のフィレット：40 mm
● 前面側の座面のフィレット：120 mm

● 背もたれのスケッチ作成用サーフェスのプロファイルとするスケッチ

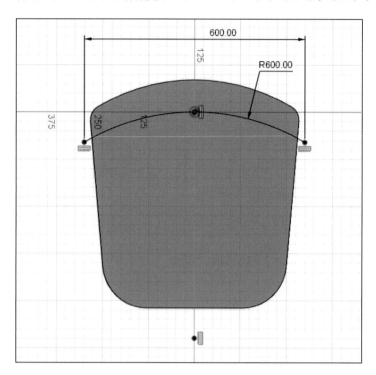

● 背もたれのスケッチ作成用サーフェスのパスとするスケッチ

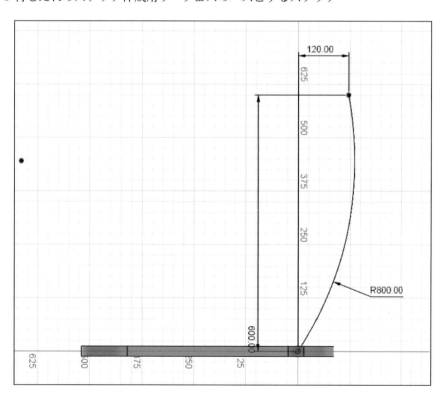

●「背もたれ外枠」と「背もたれ内枠」のスケッチ

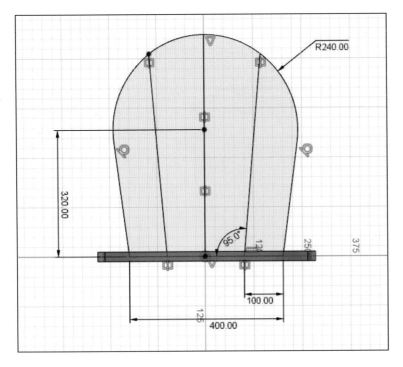

●「背もたれ外枠」は、サーフェスに投影したスケッチをパスとして利用します。

●「背もたれ外枠」のプロファイルとするスケッチは、パスの端点に作成した平面で作図します。

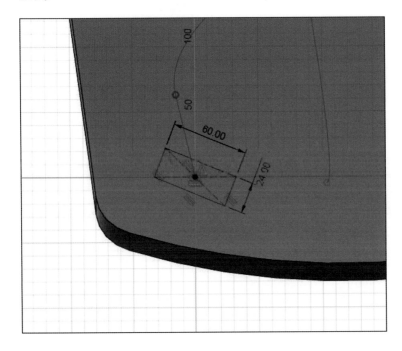

● 「背もたれ内枠」のパイプの太さは 20 mm

● 脚の根本のスケッチは、座面の裏側に以下のように作成します。

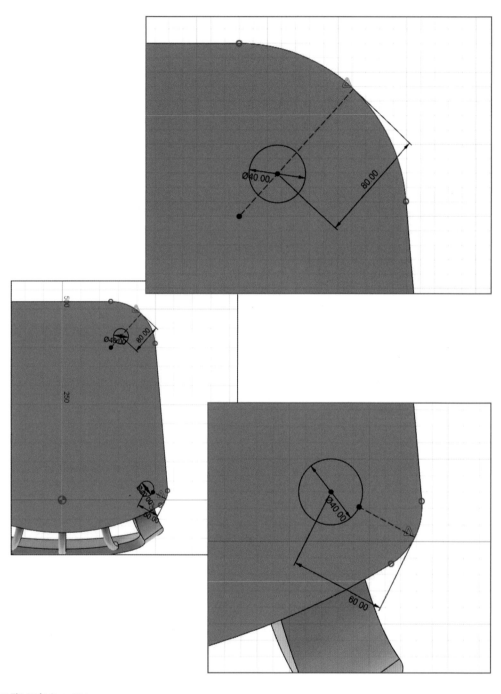

● 脚の高さ：480 mm

●脚の先端のスケッチ

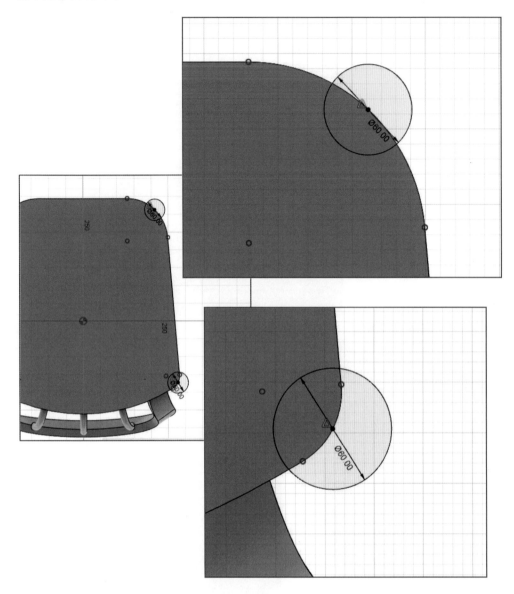

●座面・背もたれのフィレットは 8 mm
●脚先端のフィレットは 16 mm

作成のヒント

●背もたれのスケッチ面を作成するために、［基準フィーチャサーフェス］で［スイープ］
サーフェスを作成します。
●背もたれのスケッチは、平面に描いた曲線を作成したサーフェスに投影し、その曲線に対
して［スイープ］や［パイプ］を行います。

今回のモデル作成のための推奨コマンド

- ［スケッチを作成］-［作成］-［線分］
- ［スケッチを作成］-［作成］-［円弧］
- ［スケッチを作成］-［作成］-［スケッチ寸法］
- ［構築］-［パスに沿った平面］
- ［スケッチを作成］-［作成］-［長方形］
- ［スケッチを作成］-［作成］-［円］
- ［スケッチを作成］-［プロジェクト / 含める］-［サーフェスに投影］
- ［作成］-［押し出し］
- ［作成］-［スイープ］（［基準フィーチャサーフェス］）
- ［作成］-［スイープ］（［基準フィーチャソリッド］）
- ［作成］-［パイプ］
- ［構築］-［オフセット平面］
- ［作成］-［ロフト］
- ［作成］-［ミラー］
- ［修正］-［フィレット］

解答

解答は、以下 URL にてご紹介しております。

　　https://cad-kenkyujo.com/book/（「スリプリブック」で検索）

第**5**章

ジョイントについて学ぼう

次の内容を学習します。

- ●ジョイントの使い方

5.1　ジョイントの使い方

　［アセンブリ］-［ジョイント］でコンポーネント間の位置関係と動作を定義する事ができます。位置関係と動作を定義することで、複数形状を組み合わせた際の実際の動作を再現できます。

　［ジョイント］機能では、1つ目に選択したコンポーネントが2つ目に選択したコンポーネントへ移動して拘束されます。また、モーションタイプによっては回転軸や移動軸を定義します。

　「ベース」ドキュメントを開き、コンポーネントを配置します。

　「剛性」から順に、右クリックして［現在のデザインに挿入］でコンポーネントを挿入し、［アセンブリ］-［ジョイント］でジョイントします。

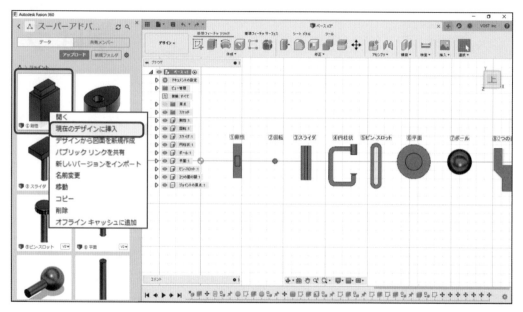

使用するデータは、以下のURLからダウンロードできます。
　　https://cad-kenkyujo.com/book/（「スリプリブック」で検索）
「ジョイント」フォルダに入っているファイルを使用します。

①剛性

コンポーネント同士を固定するモーションタイプです。

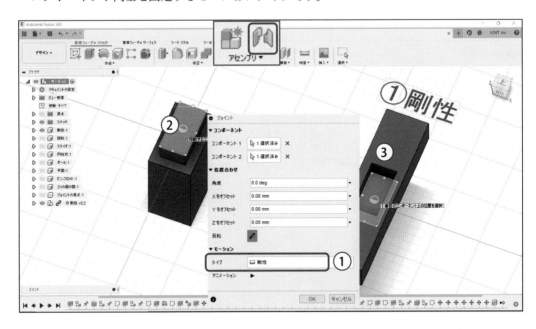

②回転

コンポーネント同士が回転する動作を定義するモーションタイプです。選択したジョイント原点が回転軸の基準となり、回転方向が決まります。

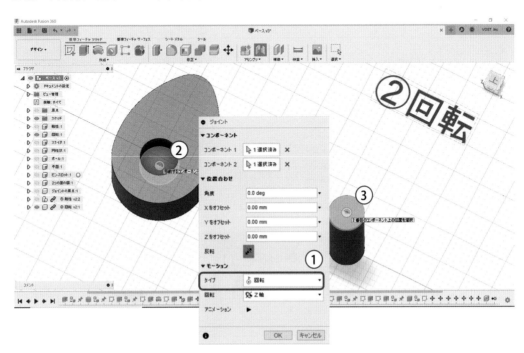

③スライダ

　1軸方向にスライドする動作を定義するモーションタイプです。選択したジョイント原点が移動軸の基準となり、移動方向が決まります。

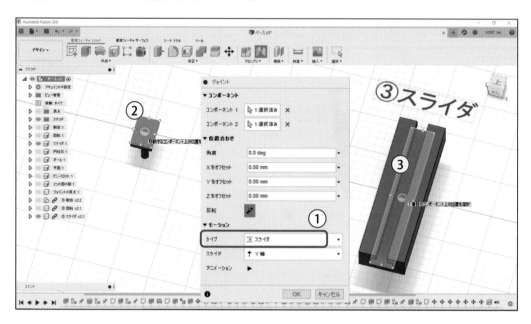

④円柱状

　1軸方向のスライドと回転する動作を定義するモーションタイプです。選択したジョイント原点が回転軸・移動軸の基準となり、移動軸と回転軸は同じ方向になります。

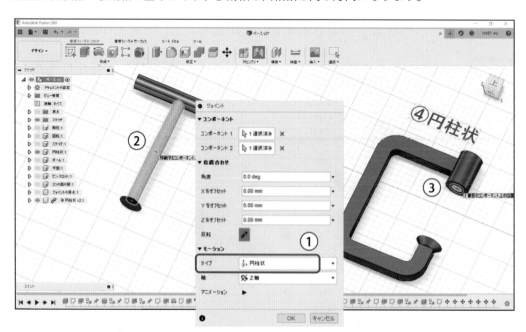

⑤ ピン - スロット

1軸方向のスライドと、それとは別の軸方向の回転を定義するモーションタイプです。選択したジョイント原点が回転軸・移動軸の基準となり、移動軸と回転軸は別々で設定できます。

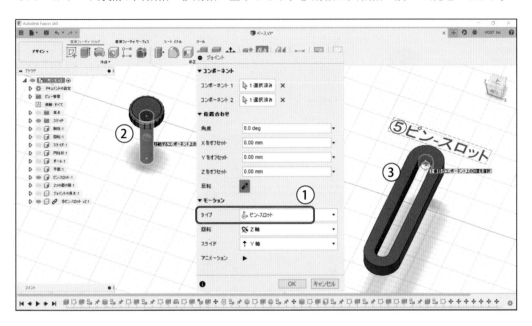

⑥ 平面

2軸方向のスライドと、1軸方向の回転を定義するモーションタイプです。選択したジョイント原点が移動平面の基準となり、移動平面と回転軸を設定できます。

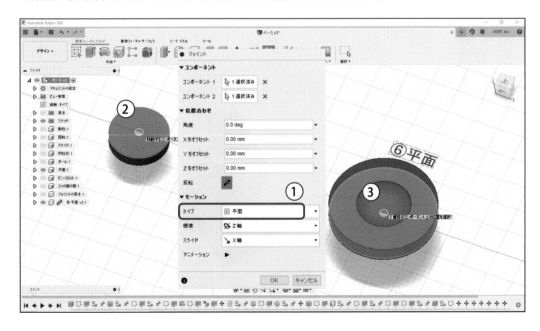

⑦ボール

「ピッチ」と「ヨー」の2つの回転軸を定義するモーションタイプです。選択した球面の中心点が基準となり、自由な回転をします。

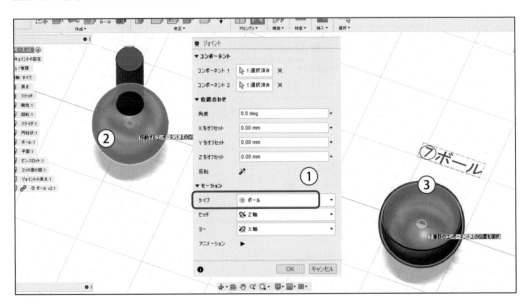

⑧ジョイントを付加する際のテクニック─2つの面の間

2つの面の間をジョイント原点としたい場合、コンポーネントのジョイント原点を選択する際に右クリックすることで［2つの面の間］を有効にできます。選択した2平面の間に原点ポイントを投影することができます。

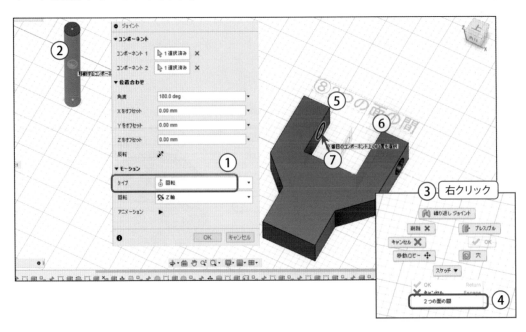

①1つ目の平面、②2つ目の平面、③原点とする位置のポイントの順で選択します。

⑨ジョイントを付加する際のテクニック―ジョイントの原点

［アセンブリ］-［ジョイントの原点］で任意の位置にジョイントの原点を作成する事ができます。

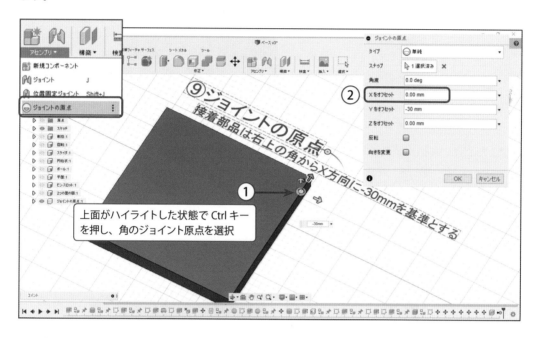

頂点や中点以外を基準として、ジョイントが可能になります。

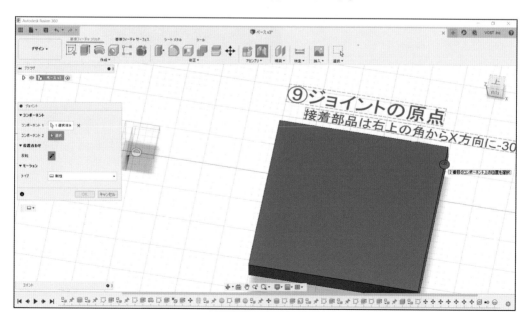

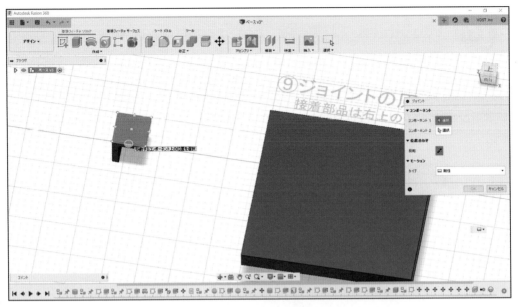

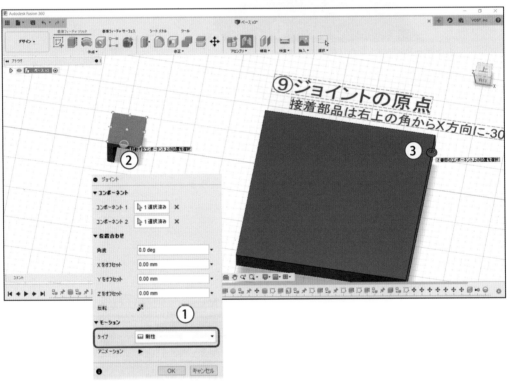

第 6 章

ミニドローンの
2 次元図面を作ろう

次の内容を学習します。

- 2 次元図面の作成方法
- 注記の入力方法
- 部品表の作成方法

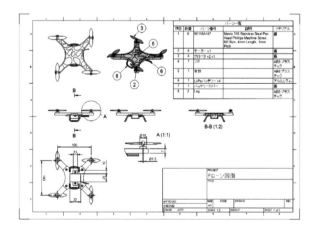

6.1　この章の流れ

この章では、第 4 章で作成したミニドローンを利用して、2 次元図面の作成方法を学びます。

三面図とアイソメ図を作成します（6.2 節）。

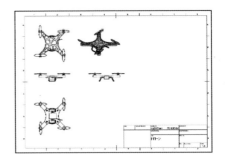

寸法・注記を記入します（6.3 節）。

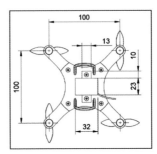

詳細図・断面図を作成します（6.3 節）。

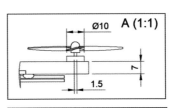

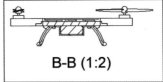

部品表を作成します（6.4 節）。

パーツ一覧				
品番	数量	パーツ番号	説明	マテリアル
1	1	本体		ABS プラスチック
2	4	モーター		アルミニウム
3	4	Propeller		
4	1	フタ		ABS プラスチック
5	6	90116A147		鋼
6	1	Li-Po Battery		アルミニウム
7	1	バッテリーカバー		鋼
8	2	Leg		

6.2 新規図面を作成しよう

［ユーザー名］-［基本設定］を開きます。

　［一般］-［図面］で、「製図規格」を「ISO」に変更し、「以下の形式の規定をオーバーライドまたは復元」にチェックを入れ、「投影角度」を「第三角法」に変更します。

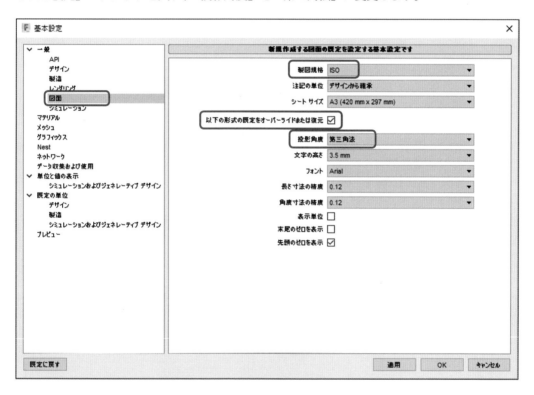

「ミニドローンで作ろう」で作成したデータを使用します。

データを作成されていない場合、以下の URL からダウンロードできます。

　https://cad-kenkyujo.com/book/（「スリプリブック」で検索）

　ドローンのファイルを開き、作業スペースを［図面］-［デザインから］に切り替え、図面を作成します。

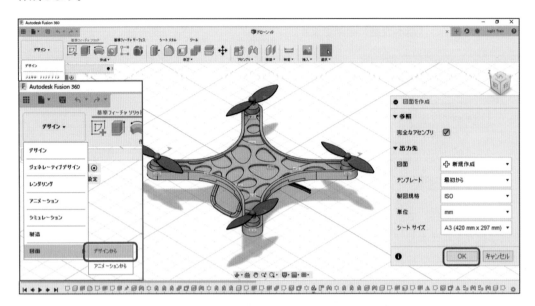

「完全なアセンブリ」のチェックを外すと、必要な部品のみの図面が作成できます。

2次元図面を作成するには、保存が必要です。

　「メッシュ、Tスプライン、およびサーフェス ボディは図面に含められません」の注意を［OK］で確定します。

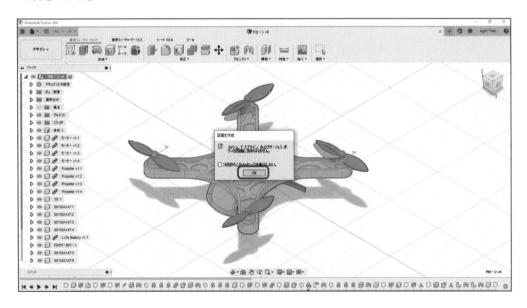

任意の位置に正面図の図面を配置し、[OK] します。

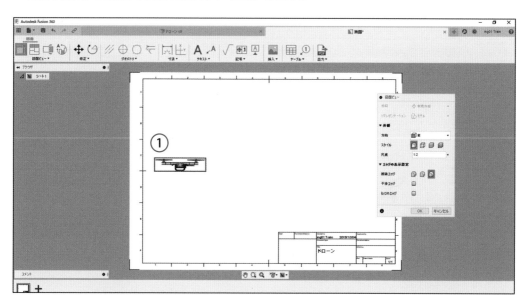

 新規図面を作成した際には、自動的に [図面ビュー] - [ベースビュー] コマンドが実行されています。

[図面ビュー] - [投影ビュー] でビューを選択し、上方向（平面図）、下方向（下面図）、横方向（右側面図）、斜め方向（アイソメ図）で各クリックし、Enter で確定します。

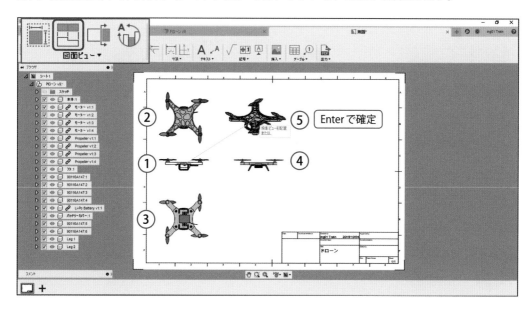

　アイソメ図（斜めの図）を左クリックし、続けて右クリックして［ビューを編集］を選択します。

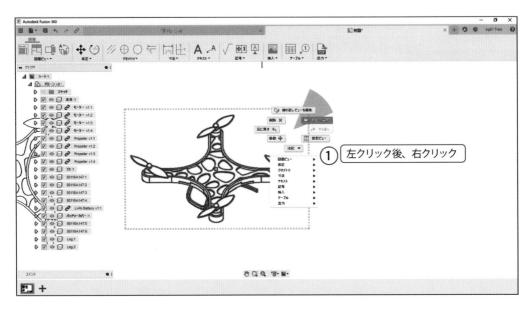

　「スタイル」を「シェーディング」に変更します。

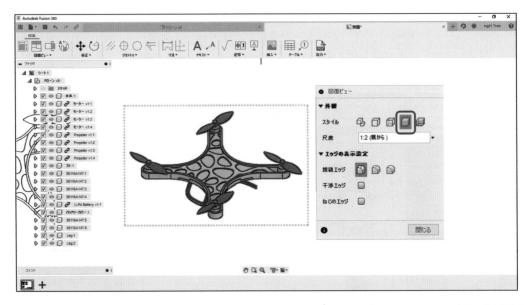

ビューをダブルクリックでも［ビューを編集］の操作ができます

6.3 注記を入れて図面を作成しよう

［ジオメトリ］-［中心マーク］で下面図の各モーターの円を選択し、中心線を作成します。

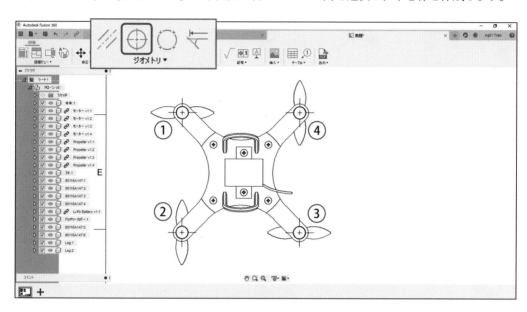

［寸法］-［寸法］で以下のような寸法を付加します。

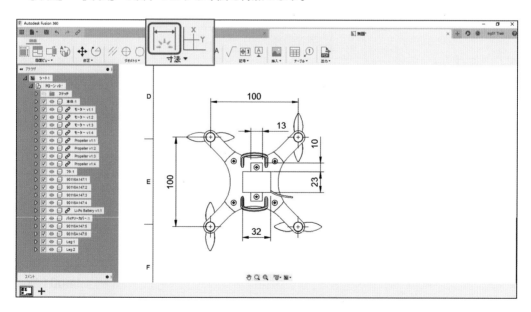

［図面ビュー］-［詳細図］で、正面図のプロペラ部分を拡大します。

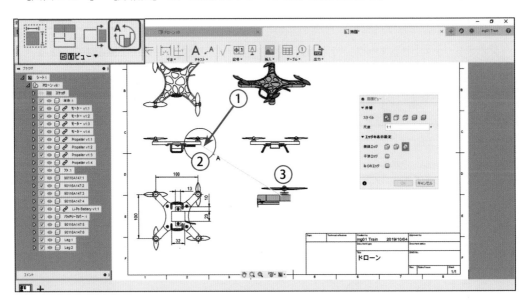

 詳細図は、拡大したい箇所の中心点と範囲、詳細ビューを配置する位置を選択します。

［寸法］-［寸法］で以下のような寸法を付加します。

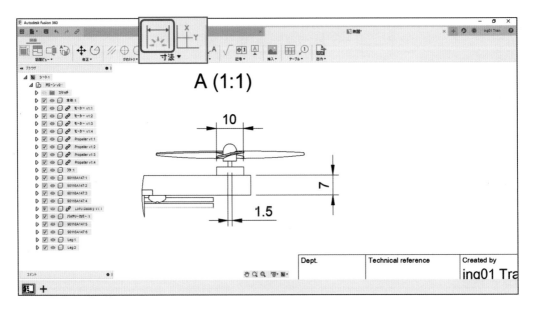

寸法をダブルクリックし、「<」の前にカーソルを移動させ、「∅（ファイ）」記号を入力します。

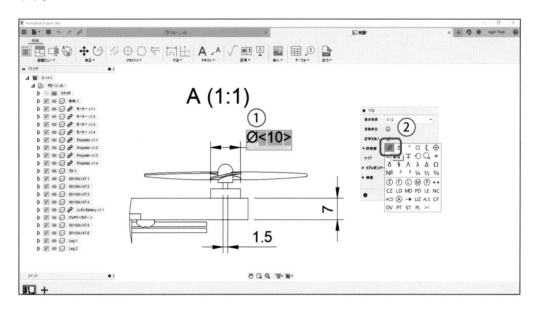

Escキーを押し、コマンドを何も取っていない状態に戻します。

A (1:1) を選択し、出てくる□マークをクリックすることで配置場所を移動できます。

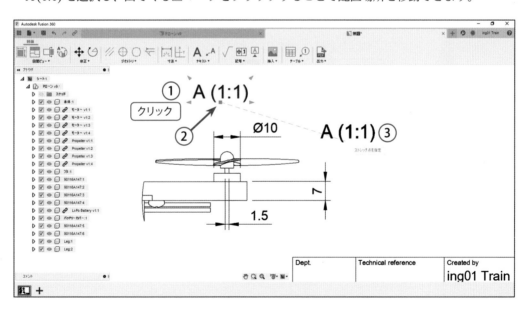

［図面ビュー］-［断面図］で正面図の中心の断面図を作成します。切断線を描いて、Enter キーで確定すると、断面図のプレビューが表示されます。配置位置を決定して、［OK］します。

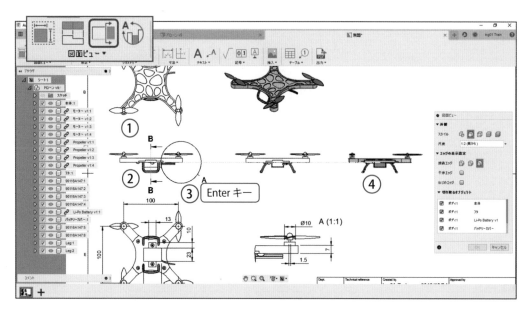

 断面を作成したい位置のエッジの中点にマウスを載せてからマウスを移動すると、整列した位置で断面位置を設定できます。

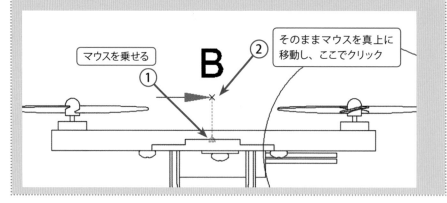

6.4 部品表を配置しよう

表題欄の内容を編集する場合は項目をダブルクリックします。

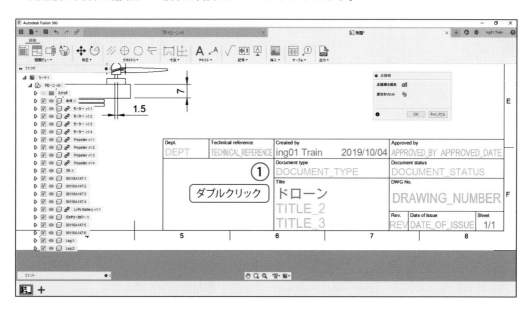

［テーブル］-［テーブル］で図面枠の右上に部品表を作成します。

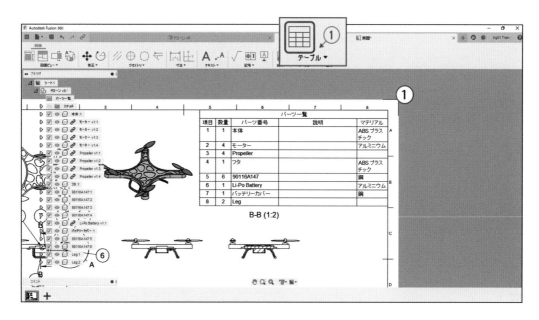

断面図のタイトルをクリックし、表示される□マークをクリックし、位置を移動します。

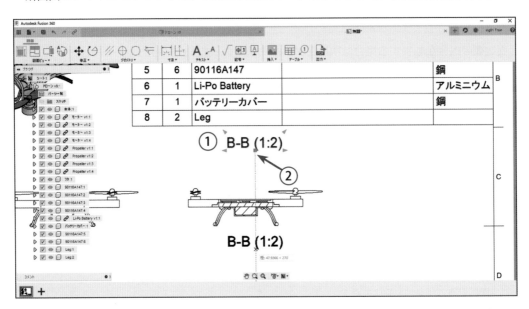

　［テーブル］を配置した際に、「親ビュー」に自動的にバルーンがつきます。もし「親ビュー」以外に配置したい場合は、［テーブル］-［バルーン］で、部品番号を配置します。

　部品を選択し、部品番号を配置したい位置で再度クリックすることで、部品番号が配置できます。

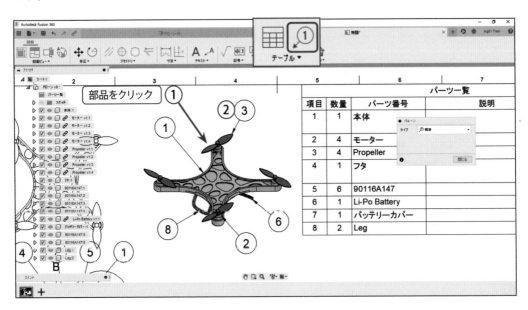

［出力］-［PDF 出力］で PDF 形式で保存します。

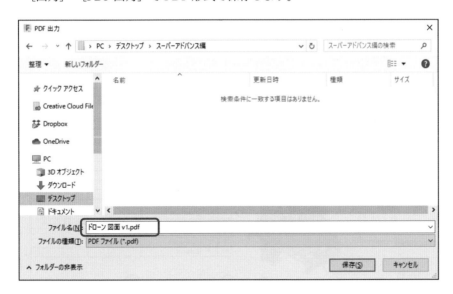

完成です！

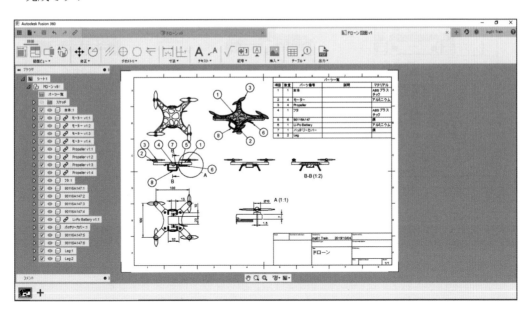

6.5 課題『3D プリンター』（2 次元図面）

以下の画像の 2 次元図面を作ってみましょう。

完成品

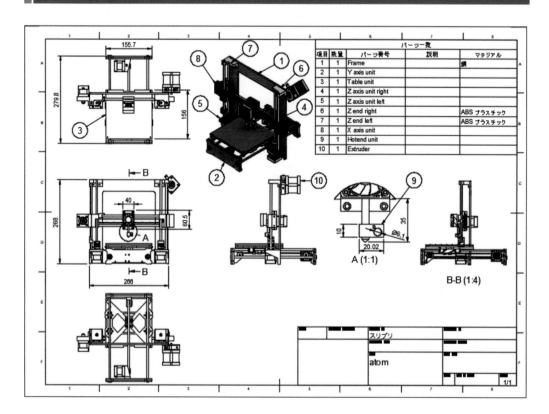

作成の条件

- 「課題：3D プリンター（アセンブリ）」で作成したデータを使用します。
  データを作成されていない場合、以下の URL からダウンロードできます。
  https://cad-kenkyujo.com/book/（「スリプリブック」で検索）
- 用紙サイズは「A3」、製図規格「ISO」で作成します。
- ベースビューの方向は「前」、尺度は「1：4」で作成します。

●以下の図面を作成し、寸法を記入します。

正面図

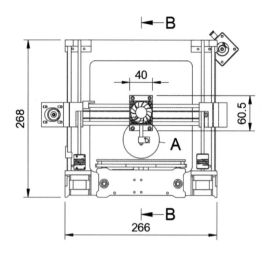

平面図

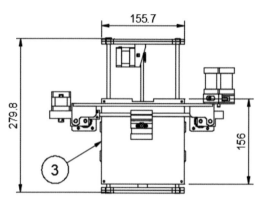

下面図

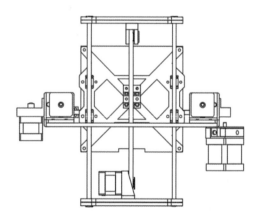

右側面図

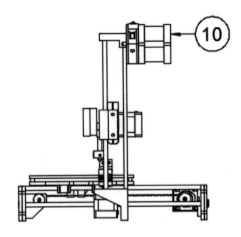

● アイソメ図は「シェーディング」で表示します。
● 「Hotend unit」の先端部分の詳細図を尺度「1：1」で作成します。

詳細図

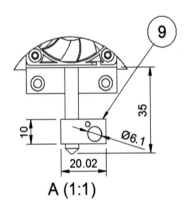

A (1:1)

● 正面図の中心の断面図を作成します。
● 表題欄に「作成者」、「タイトル」を追記してください。
● パーツ一覧を作成し、図面にバルーンを配置してください。

作成のヒント

① 作業スペースを［図面］-［デザインから］に切り替えることで2次元図面が作成できます。
② ［ベースビュー］の方向は「前」、尺度は「1：4」で任意の位置に配置します。
③ ［投影ビュー］でビューを選択し、上方向、下方向、横方向、斜め方向でクリックし、Enterで確定します。
④ 断面図はベースビューのFrameの中点に一度マウスカーソルを乗せてから移動させると中心位置をキープしてポイントを選択できます。

今回のモデル作成のための推奨コマンド

● [図面] - [デザインから](作業スペース)
● [図面ビュー] - [投影ビュー]
● [寸法] - [寸法]
● [図面ビュー] - [詳細図]
● [図面ビュー] - [断面図]
● [テーブル] - [パーツ一覧]
● [テーブル] - [バルーン]

解答

解答は、以下 URL にてご紹介しております。

https://cad-kenkyujo.com/book/ (「スリプリブック」で検索)

第7章

アニメーションを作ろう

次の内容を学習します。

- アセンブリ構造の変更方法
- 自動でのアニメーション作成方法
- 手動でのアニメーション作成方法
- カメラの設定方法

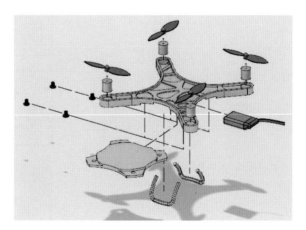

7.1 この章の流れ

この章では、第4章で作成したミニドローンを利用して、組み立て・分解アニメーションの作成方法を学びます。

アニメーションコマンドの動作の違いを見るために、アセンブリ構造を変更します（7.2節）。

すべての部品の分解アニメーションを自動作成します（7.3節）。

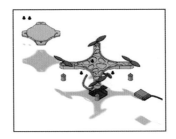

サブアセンブリの分解アニメーションを自動作成しよう（7.4節）。

手動でアニメーションを作成しよう（7.5節）。

カメラの設定をしよう（7.6節）。

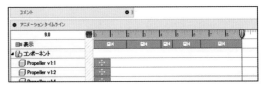

アニメーションを動画に保存しよう（7.7節）。

7.2 アセンブリ構造を変更しよう

［アセンブリ］-［新規コンポーネント］で、「名前」を「ボトム」に変更します。

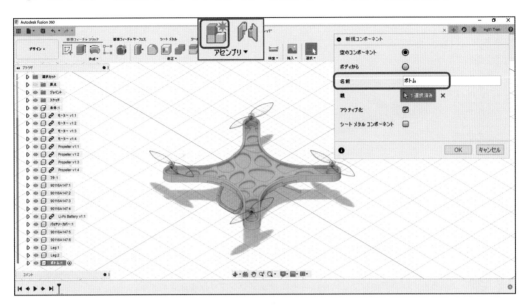

「ミニドローンで作ろう」で作成したデータを使用します。

データを作成されていない場合、以下の URL からダウンロードできます。

https://cad-kenkyujo.com/book/（「スリプリブック」で検索）

「フタ」、「ボルト（90116A147）」、「Lo-Po Battery」、「バッテリーカバー」、「Leg」を複数選択し、「ボトム」の上にドラッグ & ドロップします。

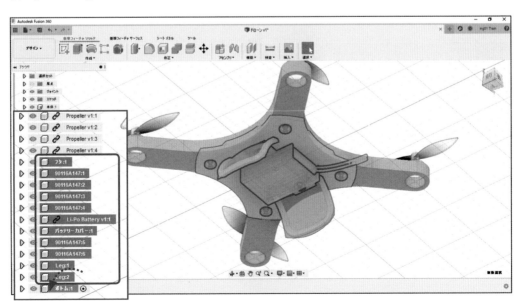

［アセンブリ］-［新規コンポーネント］で、「名前」を「ボルト」に変更します。

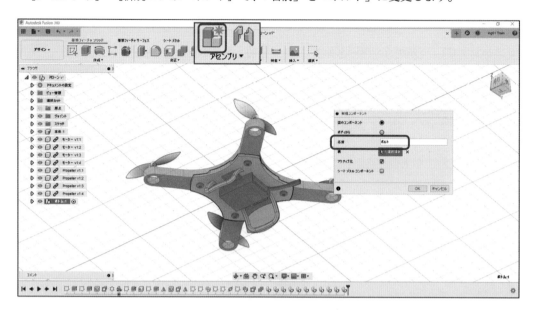

 サブアセンブリがアクティブ化されている状態で［新規コンポーネント］コマンドを実行すると、サブアセンブリの中にさらにサブアセンブリが作成されます。

　ボルト（90116A147）を Ctrl キー（Mac は ⌘ キー）を使用して複数選択し、「ボルト」コンポーネントの上にドラッグ＆ドロップします。

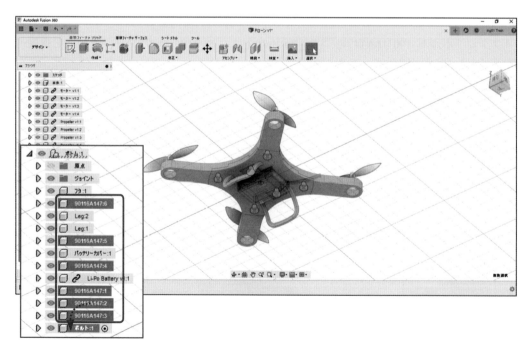

ブラウザで、一番上のファイル名を「コンポーネントをアクティブ化」にします。

7.3 すべての部品のアニメーションを作成しよう

作業スペースを［アニメーション］に変更します。

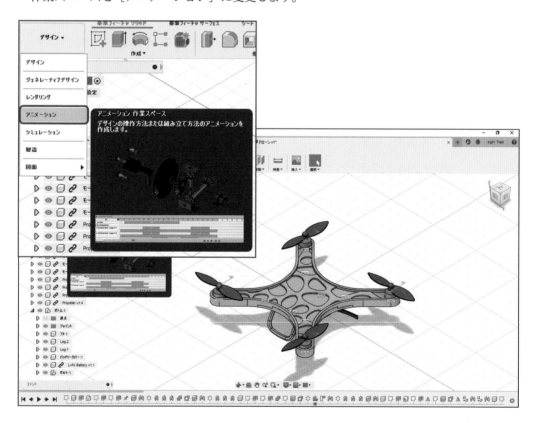

［表示］を選択します。

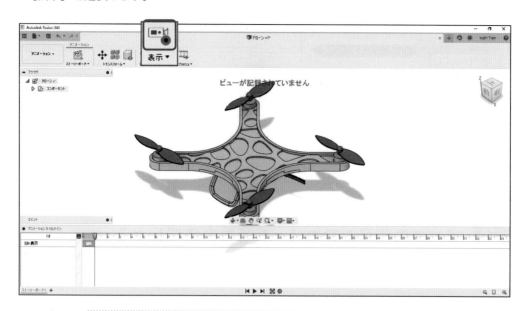

 ［表示］が ON になっていると、画面操作（画面オービット、画面移動など）が録画されます。OFF にした状態で画面上側に「ビューが記録されていません」の表示がある状態で、まず部品の動作を定義します。

ブラウザで、「コンポーネント」の中の「ドローン」を選択し、［トランスフォーム］-［自動分解：すべてのレベル］を選択します。

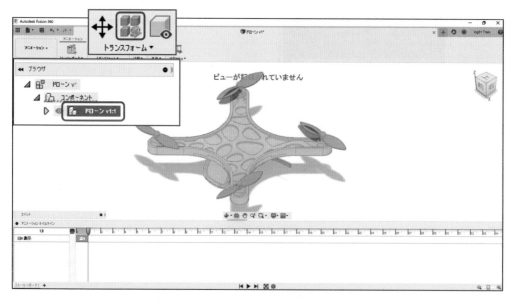

 ［自動分解：すべてのレベル］は、アセンブリの一番下の階層のコンポーネントまですべてのコンポーネントを分解するコマンドです。

「分解の尺度」バーを移動して拡散の尺度を設定し、[OK]で確定します。

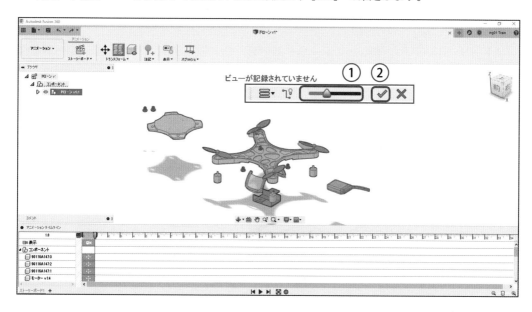

再生ボタンを選択し、アニメーションを確認します。

自動で作成された移動を編集する際には、「アニメーショ
ンタイムライン」を右クリックして［編集アクション］を
選択します。

7.4 サブアセンブリのアニメーションを作成しよう

［ストーリーボード］-［新しいストーリーボード］で、空白の新しいストーリーボードを作成します。

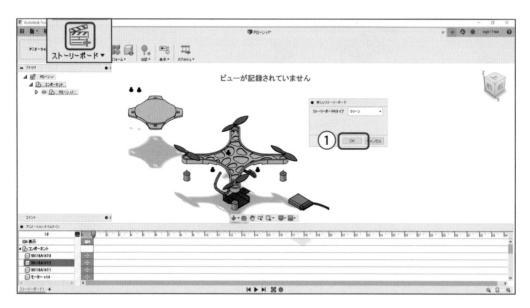

ブラウザで、「コンポーネント」の中の「ドローン」を選択し、［トランスフォーム］-［自動分解：1 レベル］を選択します。

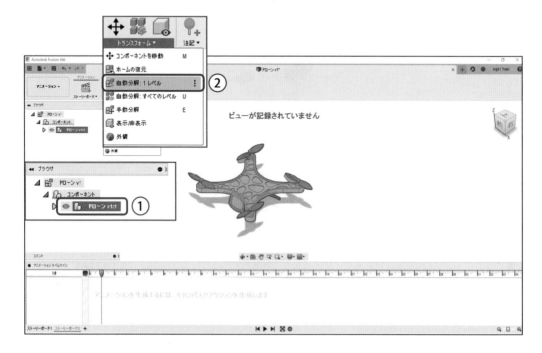

［自動分解：1レベル］は、アセンブリの1つ下の階層のサブアセンブリを分解するコマンドです。

「順次分解」と「基準線の表示設定」をONにして、［OK］で確定します。
確定後、再生ボタンでアニメーションを確認します。

「ワンステップ分解」はすべての分解が同時に行われます。「順次分解」は時間軸で自動的にずらして分解されます。

7.5 手動でアニメーションを作成しよう

[ストーリーボード] - [新しいストーリーボード] で、空白の新しいストーリーボードを作成します。

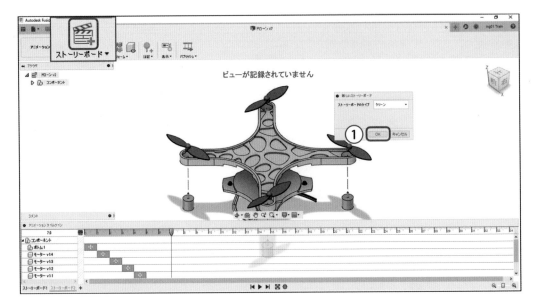

[トランスフォーム] - [コンポーネントを移動] でプロペラを選択し、Ctrl キー（Mac は ⌘ キー）を押しながら 4 つのプロペラを選択します。

上向きの矢印をクリックし、任意の位置まで移動し、<OK> で確定します。

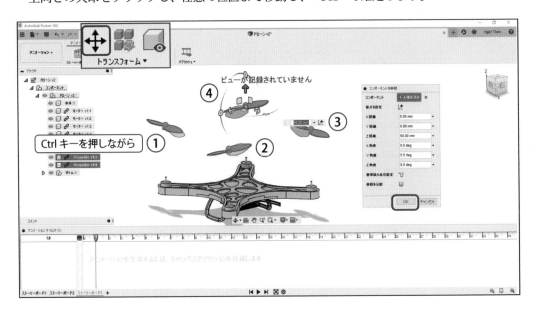

［トランスフォーム］-［手動分解］も同様の動きをしますが、以下の違いがあります。

	［コンポーネントを移動］	［手動分解］
移動方向	軸移動、平面移動、回転移動	軸移動のみ
1オペレーションの移動回数	複数の移動が可能	1方向のみ
移動量	制限なし	移動方向の形状長さの4倍まで
分解方法	「ワンステップ分解」のみ	「ワンステップ分解」と「順次分解」に切り替え可能
タイムラインの移動	手動	自動で移動

「アニメーション タイムライン」で再生ヘッドを1.50秒まで移動します。

　Escキーを押して選択を全解除し、［トランスフォーム］-［コンポーネントを移動］でCtrlキー（Macは⌘キー）を押しながら4つのモーターを選択し、上向きの矢印をクリックし、任意の位置に移動し、<OK>で確定します。

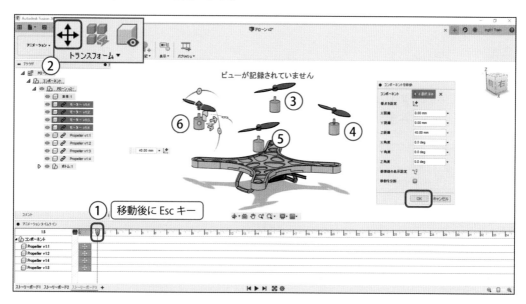

 Escキーを押さないと、プロペラが選択状態になっているため、コマンドを実行するとプロペラが移動されます。コマンドを実行する前にEscキーまたは、画面の何もないところをクリックして選択を全解除しておきます。

「アニメーション タイムライン」で再生ヘッドを 2.00 秒まで移動し、Esc キー、[トランスフォーム]-[コンポーネントを移動]で Leg を 2 つ複数選択し、上向きの矢印をクリックし、任意の位置に移動します。

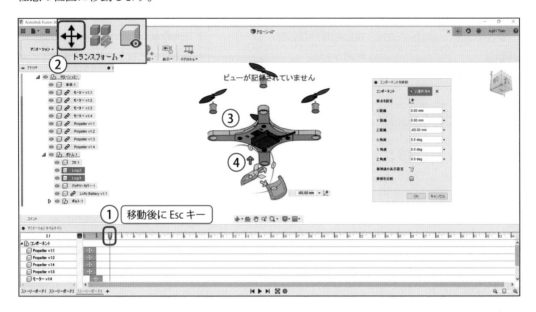

「アニメーション タイムライン」で再生ヘッドを 3.0 の位置に移動し Esc キー、[トランスフォーム]-[コンポーネントを移動]でバッテリーカバーを留めるボルトを下側に移動します。

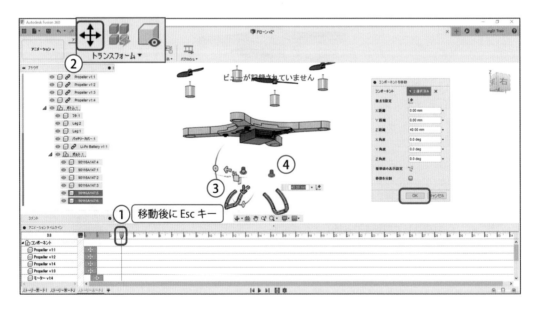

「アニメーション タイムライン」で再生ヘッドを4.0の位置に移動し、Escキー、［トランスフォーム］-［コンポーネントを移動］でバッテリーカバーを下側に移動します。

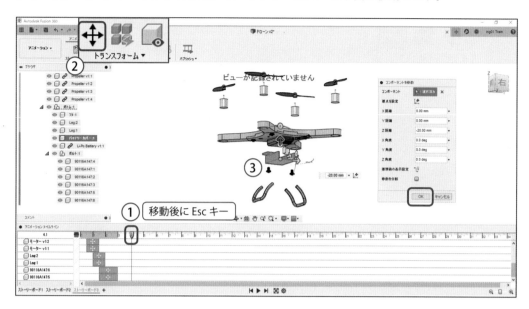

「アニメーション タイムライン」で再生ヘッドを5.0の位置に移動し、Escキー、［トランスフォーム］-［コンポーネントを移動］でLi-Po Batteryを下側に移動します。さらに、横方向にも移動します。

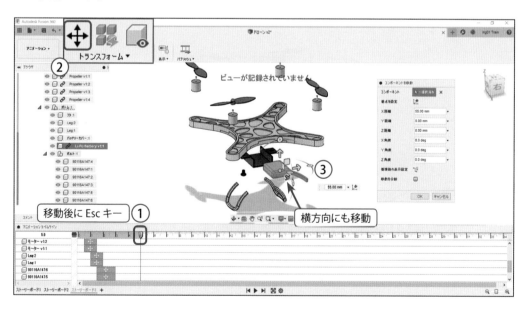

バッテリーカバーとバッテリーカバーのボルトを選択し、［トランスフォーム］-［表示 / 非表示］を選択します。

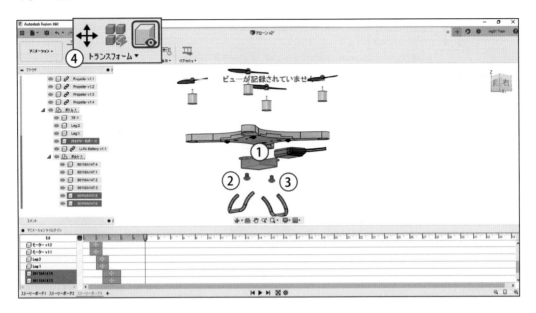

ボルトのライトマークを Ctrl キー（Mac は ⌘キー）を押しながら複数選択し、0.5 秒前（4.5秒の位置）に移動します。

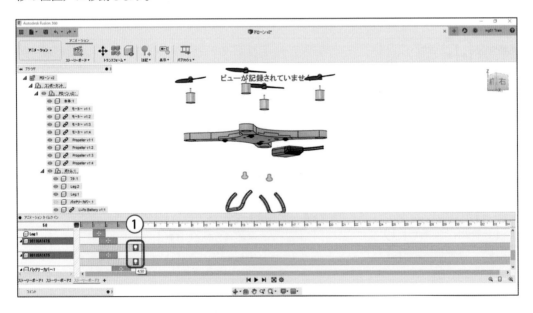

「アニメーション タイムライン」を6.0の位置に移動し、Escキー、[トランスフォーム] -
[コンポーネントを移動]で4本のボルトを下方向に移動します。

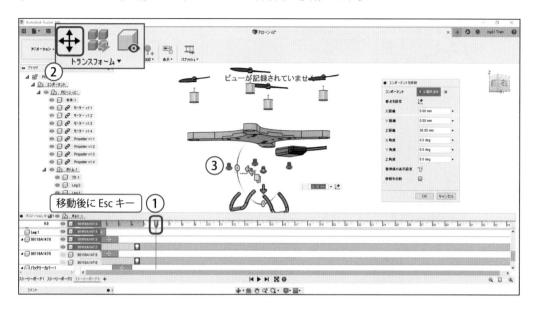

「アニメーション タイムライン」を7.0の位置に移動し、[トランスフォーム] - [コンポーネ
ントを移動]で同じボルトを左方向に移動します。

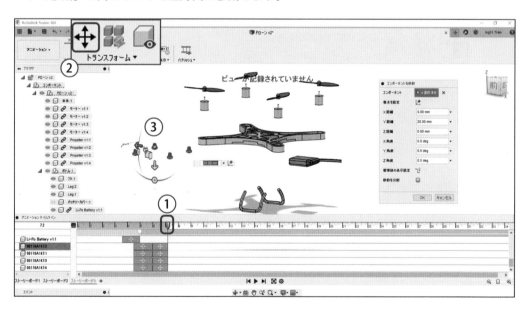

「アニメーション タイムライン」を 8.0 の位置に移動し、Esc キー、［トランスフォーム］-
［コンポーネントを移動］でフタを移動します。

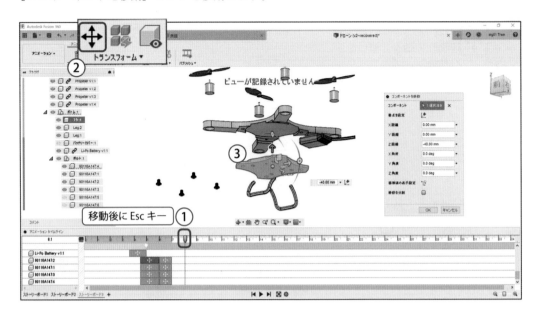

「アニメーション タイムライン」を 9.0 の位置に移動し、［トランスフォーム］-［コンポーネ
ントを移動］でフタを前方向に移動します。

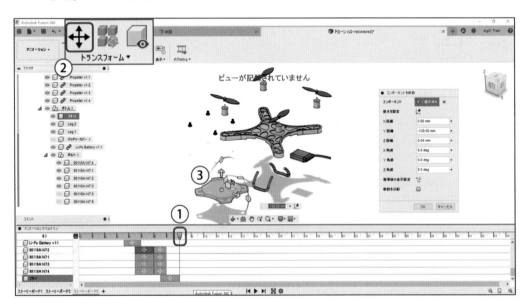

7.6 カメラの設定をしよう

「アニメーション タイムライン」を「スクラッチ領域」（赤いマークがある位置）に移動し、［表示］-［表示］を選択し、ビューを以下のような向きに調整します。

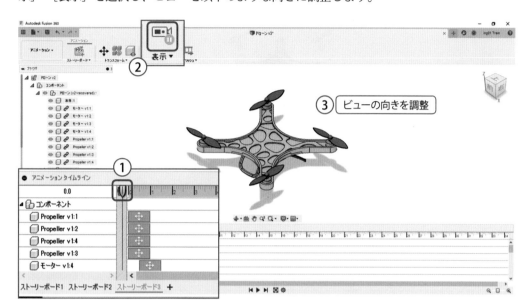

「スクラッチ領域」（赤いマークがある位置）にタイムラインがある状態で［表示］を選択しビューを記録すると、アニメーションの初期の画面の向きが現在表示されているビューの向きに設定されます。

「アニメーション タイムライン」を 2.0 の位置に移動し、画面をズームアウトして全体が表示されるようにビューを調整します。

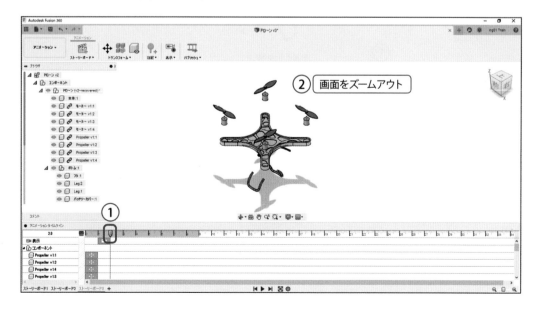

「表示」バーを左に広げ、0秒から2秒の間でカメラが移動するように調整します。

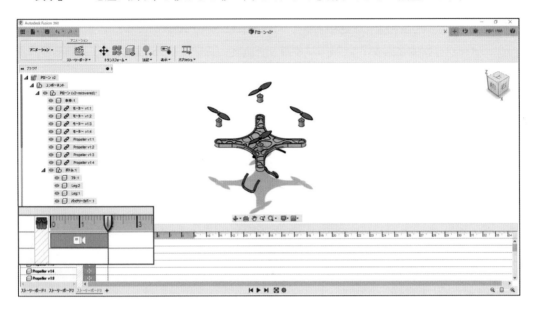

「アニメーション タイムライン」を4.0の位置に移動し、画面をオービットして以下のような向きにビューを調整します。

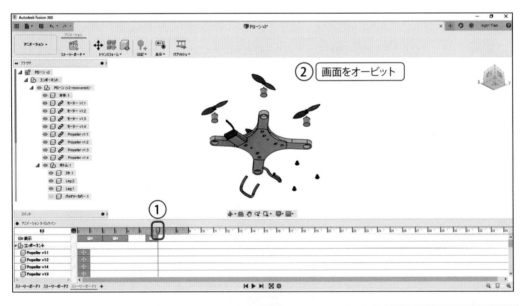

マウスで操作した画面の動きすべてが録画されるわけではなく、画面を調整し終わった段階のビューの向きが録画されます。

カメラは、前のビュー表示から変更後のビュー表示までの間を自動的に補完して滑らかなアニメーションにします。

「表示」バーを左に広げ、2秒から4秒の間でカメラが移動するように調整します。

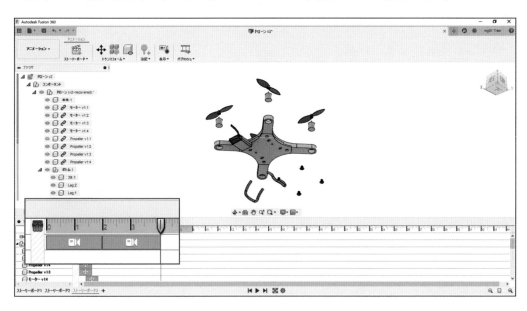

「アニメーション タイムライン」を6.5の位置に移動し、画面をオービットして以下のような向きにビューを調整します。

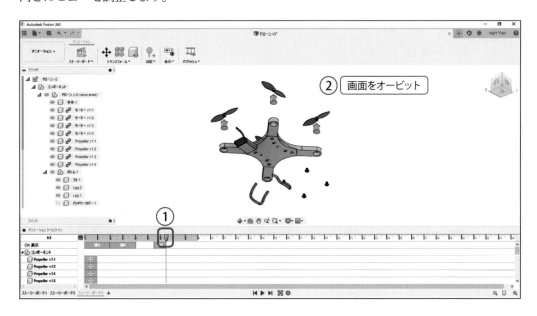

「表示」バーを左に広げ、4秒から6.5秒の間でカメラが移動するように調整します。

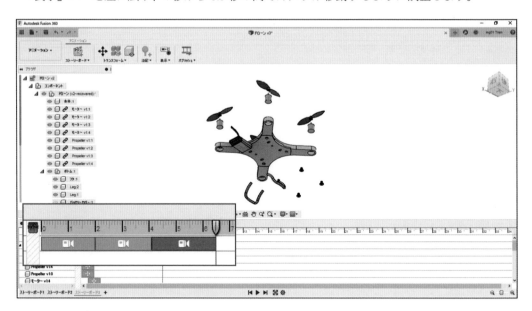

「アニメーション タイムライン」を9.0の位置に移動し、画面をオービット・ズームアウトして以下のような向きにビューを調整します。

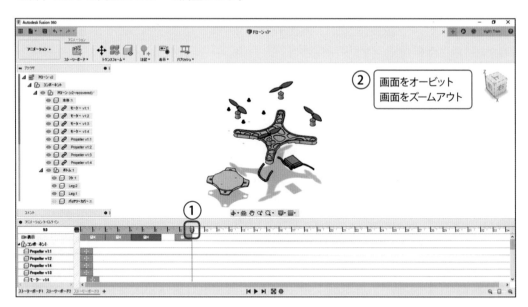

「表示」バーを左に広げ、6.5秒から9秒の間でカメラが移動するように調整します。

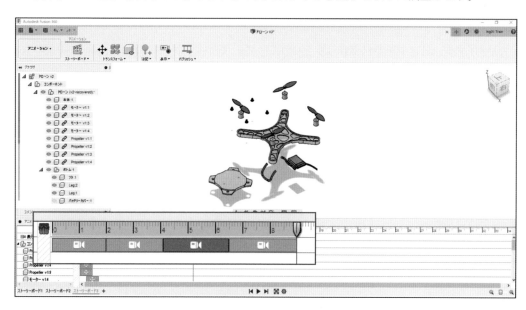

再生ボタンを選択し、アニメーションを確認します。

ストーリーボードを右クリックして［反転］を選択することで、組み立てのアニメーションを再生できます。

7.7 アニメーションを動画に保存しよう

［パブリック］-「ビデオをパブリッシュ」で「ビデオ スコープ」を「現在のストーリーボード」に変更し、［OK］で確定します。

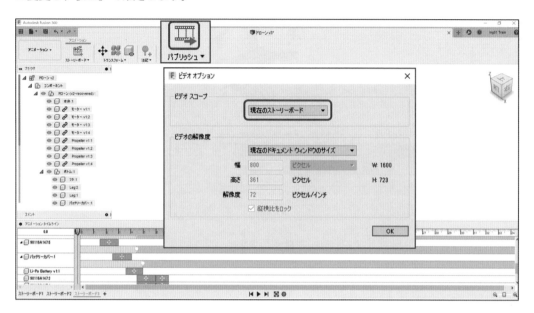

任意の名前を付け、保存します。

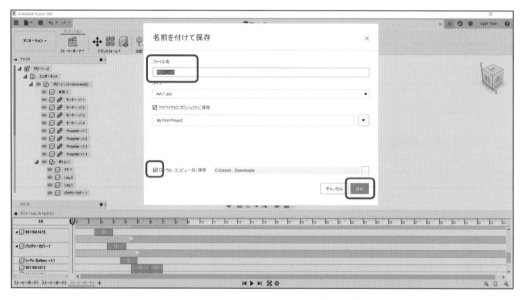

ローカルに保存する場合、「ローカル コンピュータに保存」のチェックを入れて保存します。

7.8 課題『3D プリンター』（アニメーション）

以下の画像のアニメーションを作ってみましょう。

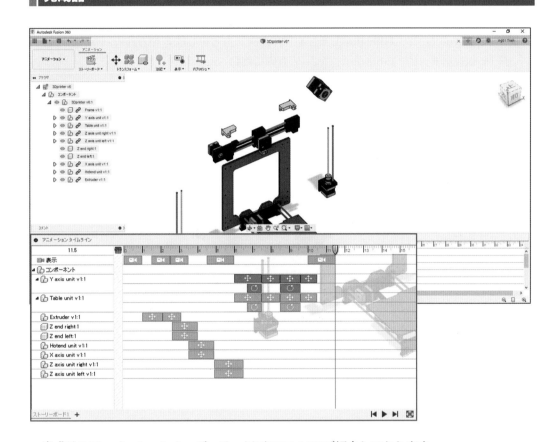

完成品のアニメーションムービーは、以下 URL にてご紹介しております。

https://cad-kenkyujo.com/book/（「スリプリブック」で検索）

● 「課題：3D プリンター（アセンブリ）」で作成したデータを使用します。

　データを作成されていない場合、以下の URL からダウンロードできます。

　　https://cad-kenkyujo.com/book/（「スリプリブック」で検索）

● サブアセンブリごとに動かします。

● 別のコンポーネントに重なったりぶつかったりしないように動かします。

●以下の順に移動します。
　①「Extruder」をX方向に移動
　②「Extruder」をZ方向に移動
　③「Z end right」と「Z end left」をZ方向に移動
　④「X axis Unit」と「Hotend unit」をZ方向に移動
　⑤「Z axis unit right」と「Z axis unit left」を、それぞれX方向（外側）に移動
　⑥「Y axis unit」と「Table unit」を、Z方向に移動
　⑦「Y axis unit」と「Table unit」を、右側のシャフトを中心にZ軸方向に回転
　⑧「Y axis unit」と「Table unit」を、-Y方向に移動
●以下の順に画面をキャプチャします。
　① 0秒〜1秒

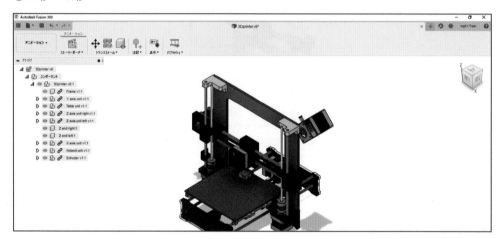

　② 1.5秒〜2.5秒

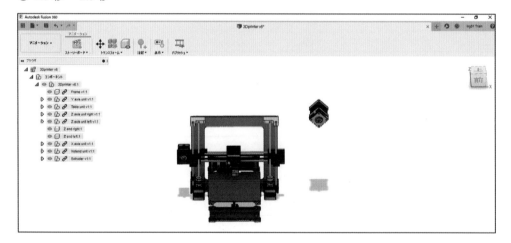

③ 2.5 秒〜 3.5 秒

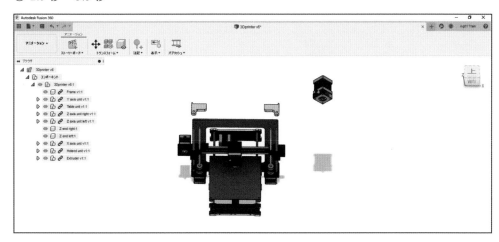

④ 4.5 秒〜 6 秒

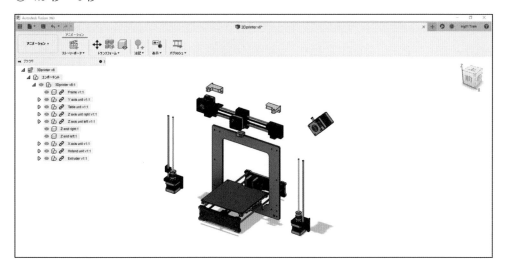

⑤ 7.5 秒

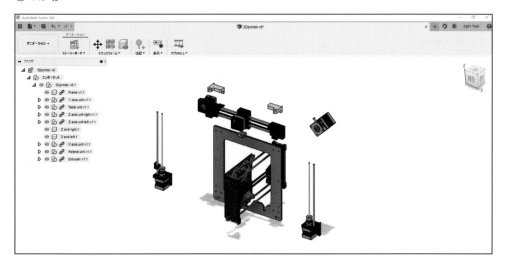

⑥ 10 秒〜 11.5 秒

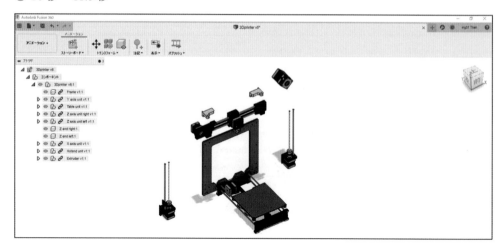

作成のヒント

①［表示］-［表示］を OFF にして、まず部品の動作を定義します。

②［コンポーネントを移動］では回転動作も定義できます。

③［コンポーネントを移動］でブラウザからコンポーネントを選択すると、サブアセンブリ
ごと移動できます。

④「Y axis unit」と「Table unit」は垂直方向に 175 mm、水平方向に −10 mm 移動します。

⑤「回転」では「ピボット設定」で「Y axis unit」のボルトを回転中心にし、回転します。

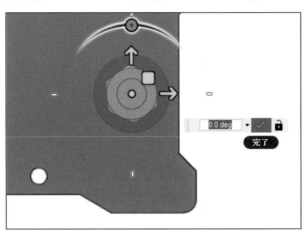

⑥移動量を調整する場合、タイムラインの該当するバーを右クリックして［編集アクション］
を選択すると、パラメータを修正できます。

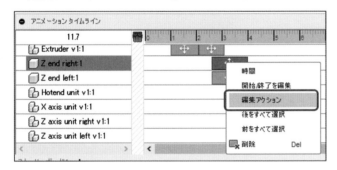

⑦「スクラッチ領域」（赤いマークがある位置）にタイムラインを移動し、初期画面に調整し、
［表示］で録画を開始します。

今回のモデル作成のための推奨コマンド

● ［表示］- ［表示］
● ［トランスフォーム］- ［コンポーネントを移動］
● ［パブリッシュ］- ［ビデオをパブリッシュ］

解答

解答は、以下 URL にてご紹介しております。

　https://cad-kenkyujo.com/book/（「スリプリブック」で検索）

第**8**章

シミュレーションで
ドローンを解析しよう

次の内容を学習します。

- ●解析の準備方法
- ●解析の実行方法

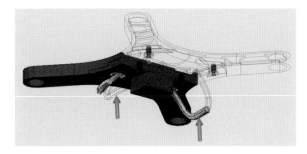

8.1　この章の流れ

この章では、第4章で作成したミニドローンを利用して、解析機能の基本を学びます。

解析用の形状の準備をします（8.2節）。

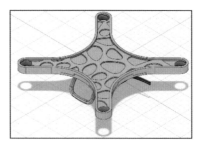

拘束・荷重・接触を設定します（8.2節）。

解析を実行して結果を確認します（8.3節）。

結果をレポートとして保存します（8.3節）。

8.2 解析の準備をしよう

作業スペースを「シミュレーション」に変更します。

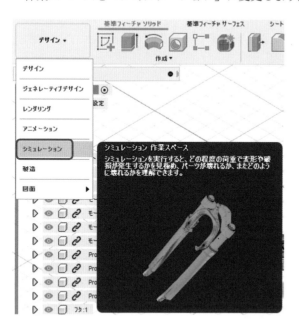

「ミニドローンで作ろう」で作成したデータを使用します。データを作成されていない場合、以下の URL からダウンロードできます。

　　https://cad-kenkyujo.com/book/（スリプリブックで検索）

[新規スタディ]で「静的応力」を選択し、[スタディを作成]します。

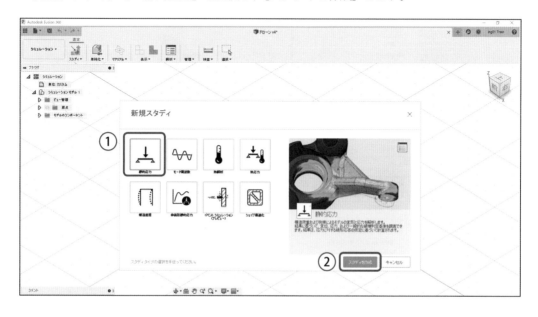

［単純化］で単純化作業スペースに移動します。

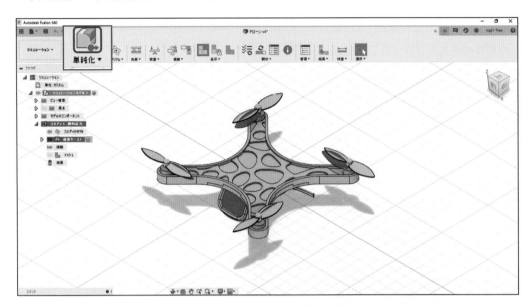

［単純化］作業スペースは、シミュレーション計算のために、専用の形状を作成する事ができます。フィレットなどの細部を削除したり、不要なコンポーネントを削除したり、複雑なコンポーネントを単純な形状に置き換えます。基本的に、単純な形状に置き換えると、解析中の計算が高速になり、パフォーマンスが向上します。

モデルのコンポーネントツリーを開き、モーター、プロペラと Leg 内のサーフェスボディを複数選択し、右クリック［除去］で計算対象から除外します。

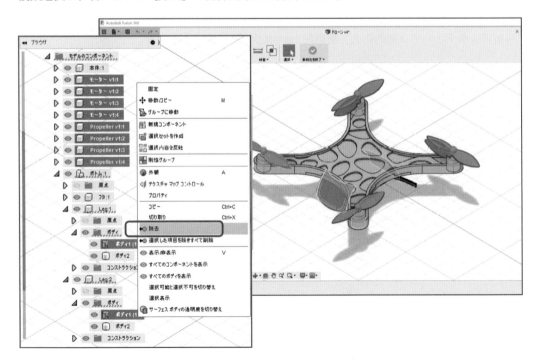

［プリミティブに置換］で「オブジェクトタイプ」を「ボディ」にし、ボルトを1本選択します。「プリミティブ形状」を「円柱」、「形状の方向」を「Z軸」にし、プリミティブサイズの「半径」を「1.6mm」にします。

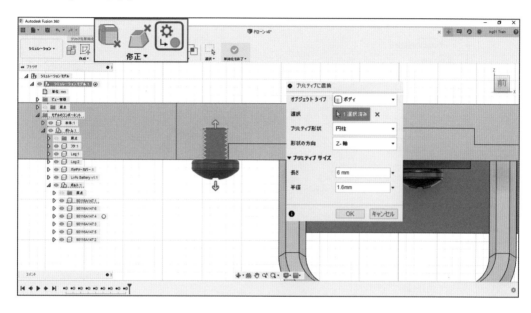

6本すべてがプリミティブに変換されたことを確認します。

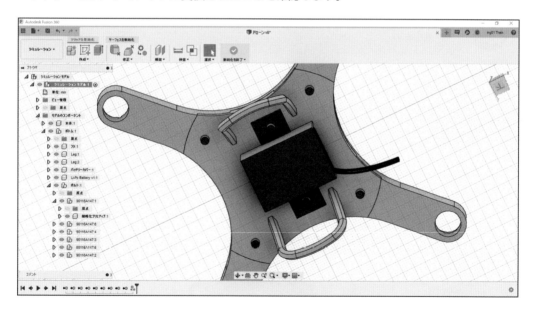

[検査] - [干渉] を実行し、ドラッグでミニドローン全体を囲みます。

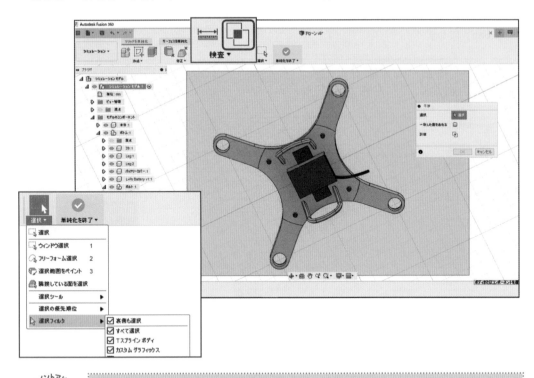

 干渉は、シミュレーションで問題を引き起こすことがあるため、予めチェックをして干渉を削除します。

計算を実行します。

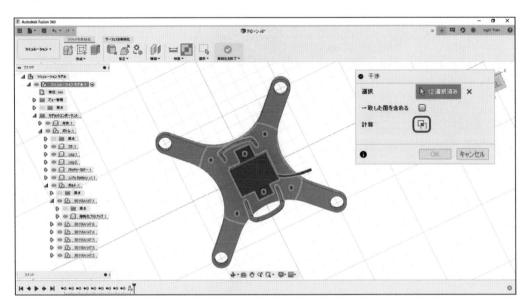

　干渉結果が表示され、今回は「ボルト（簡略化プリミティブ）と本体」、「フタとボルト（簡略化プリミティブ）」、「バッテリーカバーとバッテリー」が干渉している事が分かります。

　「ボリュームを削除」に全てチェックが入っている事を確認し、ターゲットとツールの関係を確認できたら、[OK]で重なり部分を削除します。

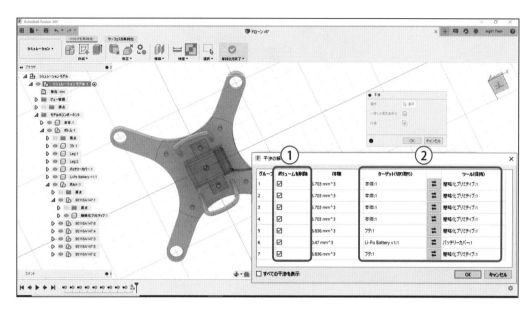

　干渉を削除したので、[単純化を終了]を選択します。

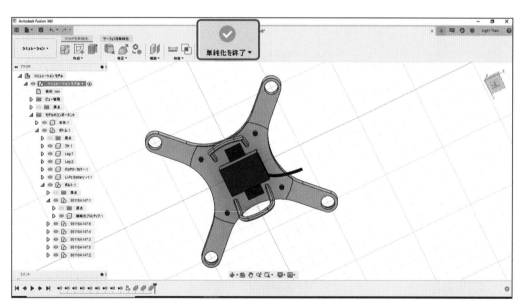

　「モデルのコンポーネント」-「ボトム」コンポーネントのツリーを開き、「Leg1」と「Leg2」のライトマークを OFF にします。

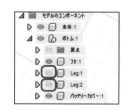

［拘束］-［構造拘束］でLegが挿入される穴の底面を固定します。

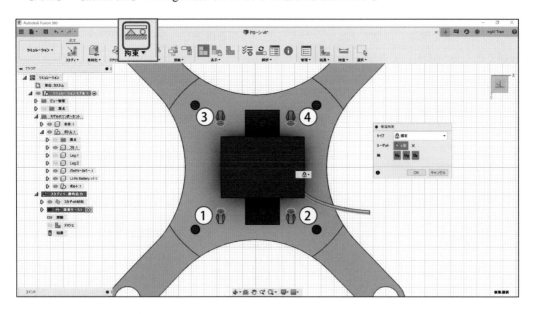

「Leg1」と「Leg2」のライトマークをONにします。

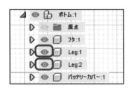

［荷重］-［構造荷重］でLegの底面を選択し、「方向タイプ」を「標準」、「大きさ」に10 N
を入力します。

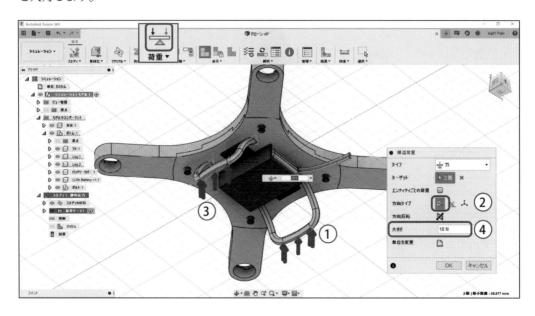

「位置エネルギー U = 質量 m (kg) × 重力加速度 g (m/s^2) × 高さ h (m)」ですので、100 g の機体を 10 m 上空から落とした際の衝撃を想定しています。
実際には、加速した物体がぶつかる「衝突」の計算は非線形解析となるため、じわっと力がかかった際の解析となります。

［表示］-［自由度ビュー］で、固定されている形状を確認します。

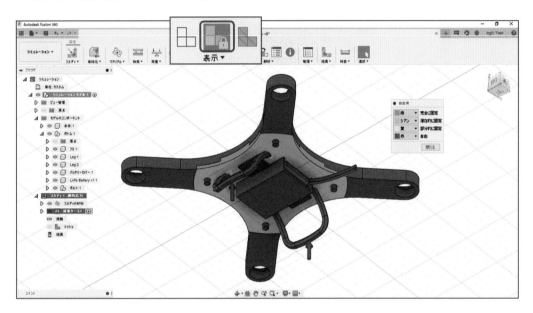

［接触］-［自動接触］を選択し、［生成］で接触を定義します。

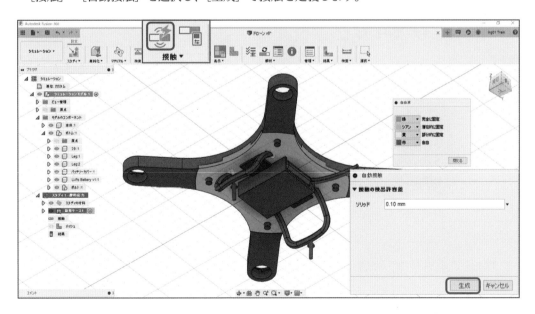

8.3 解析を実行して結果を確認しよう

　全体が緑色になって固定されたことを確認し、[解析] - [解析] で解析を実行します。

「解析」が「ローカル」、「ステータス」が「準備完了」になっている事を確認して解析を実行
します。

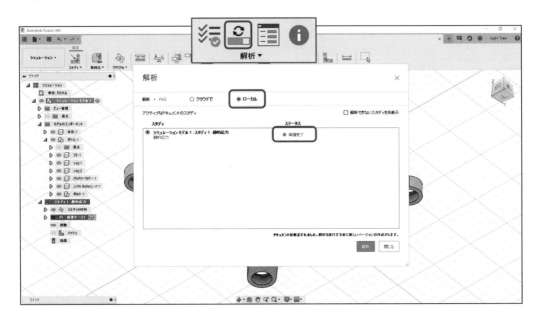

　「解析」の「ローカル」を選択すると、ネットワークを使わずに解析が行えます。ただし、
解析には高いマシンスペックが必要となるため、時間がかかったり、スペック不足で解析に
失敗する事があります。

　「ローカル」の解析でエラーが発生した場合は、「クラウドで」の解析をお試し下さい。メモ
リ不足でエラーが発生している場合、「クラウドで」でマシンスペックによるエラーを回避
できます。

「クラウドで」はデータを Autodesk のサーバーに送り、サーバーで解析を実行するため、
マシンスペックに影響を受けません。ただし、有償ユーザーの場合、クラウド解析を行うと
クラウドクレジットが消費される点に注意してください。

無償ユーザーの場合、クラウドクレジットは無制限となっているため問題ありません。

「安全率」が表示され、危険な個所を確認できます。

バーをドラッグし、安全率の低い箇所を確認します。

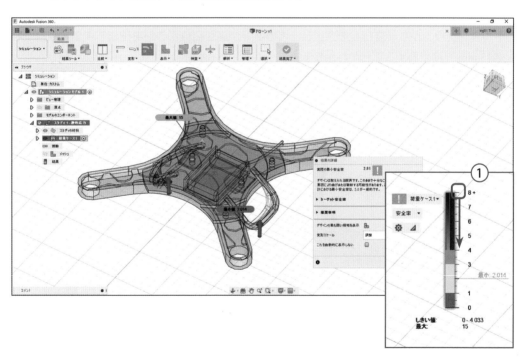

安全率は、各材質の降伏強度（塑性変形を起こさずに、材料に生じさせることのできる最大応力。つまり、変形してしまうかどうかの境目の応力）と、実際にかかっている応力の除算で求められます。
安全率が「1」を下回ると塑性変形を起こすため、どの程度安全を見るかの指標にできます。

凡例のドロップダウンから「応力」を選択し、どこに力がかかるかを確認します。

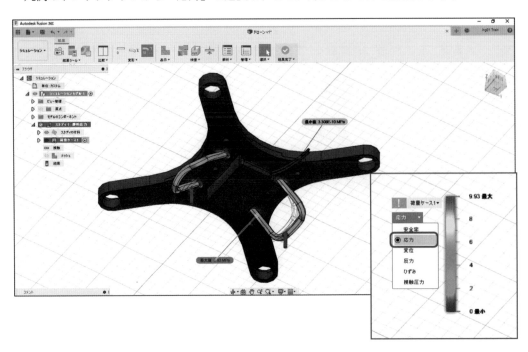

ドロップダウンから「変位」を選択し、どの部分が最も変位するかを確認します。今回は最大 0.43 mm 程度変形することがわかります。

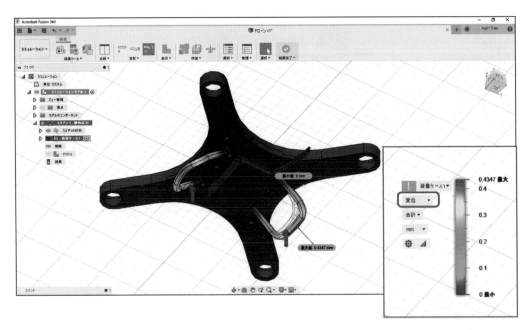

 「変位」は、形状が元の位置から何 mm 変形するかを示しています。

［結果ツール］-［アニメーション］で再生し、解析結果を確認します。

［検査］-［スライス平面を作成］で側面の任意の面を選択し、矢印をドラッグし、断面表示状態で確認します。

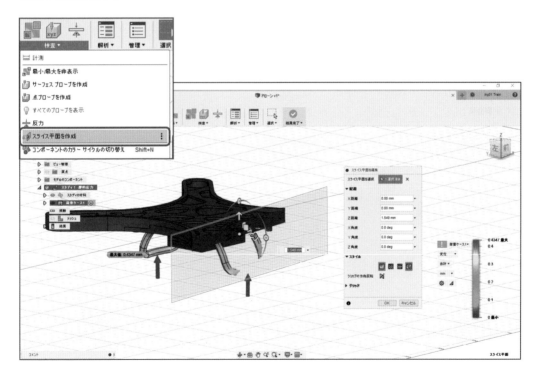

［結果ツール］-［レポート］でレポートを保存します。

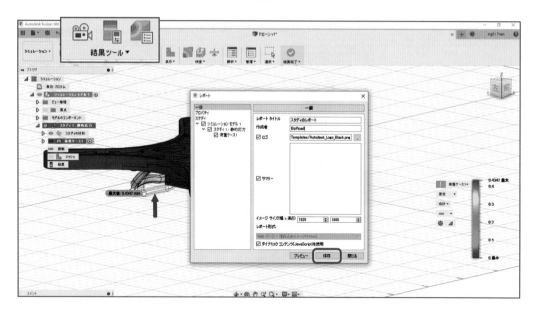

レポートを確認します。

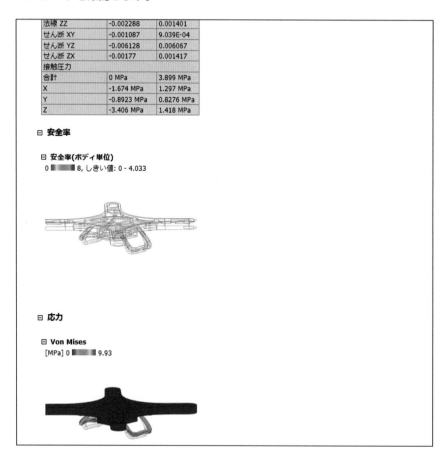

法線 ZZ	-0.002288	0.001401
せん断 XY	-0.001087	9.039E-04
せん断 YZ	-0.006128	0.006067
せん断 ZX	-0.00177	0.001417
接触圧力		
合計	0 MPa	3.899 MPa
X	-1.674 MPa	1.297 MPa
Y	-0.8923 MPa	0.8276 MPa
Z	-3.406 MPa	1.418 MPa

⊟ **安全率**

　⊟ **安全率(ボディ単位)**
　　0 ▮▮▮▮ 8, しきい値: 0 - 4.033

⊟ **応力**

　⊟ **Von Mises**
　　[MPa] 0 ▮▮▮▮ 9.93

第 9 章

シミュレーションに
ついて学ぼう

次の内容を学習します。

● 解析の準備方法
● 解析の実行方法

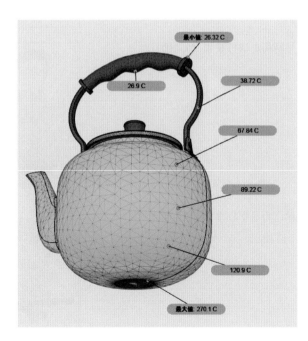

9.1 この章の流れ

この章では、練習形状を使用して、4つの解析機能を学びます。

静的応力を学びます（9.2節）。

モード周波数を学びます（9.3節）。

熱解析を学びます（9.4節）。

熱応力を学びます（9.5節）。

9.2 静的応力

データパネルから、椅子のデータを開きます。

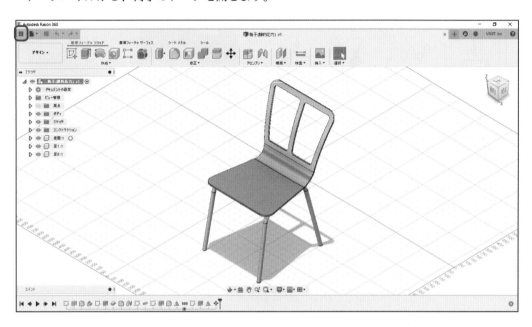

使用するデータは、以下の URL からダウンロードできます。

https://cad-kenkyujo.com/book/（スリプリブックで検索）

「シミュレーションについて学ぼう」フォルダの「椅子（静的応力）」を使用します。
作業スペースを「シミュレーション」に変更します。

［シミュレーション］-［新規スタディ］で「静的応力」を選択し、［スタディを作成］します。

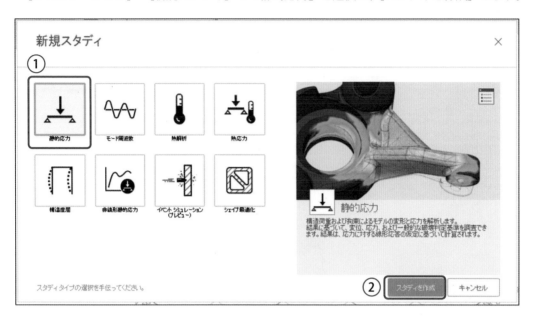

　［マテリアル］-［スタディのマテリアル］で材料を確認します。「モデルの材料」がアルミニウムになっていることを確認し、［OK］で確定します。

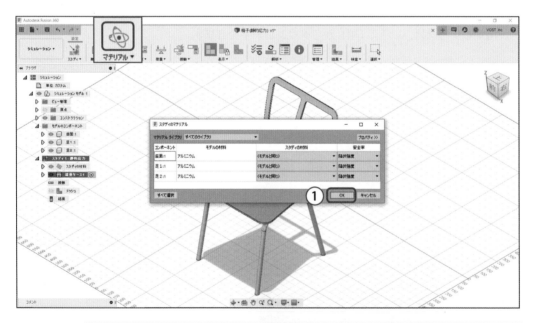

モデル作業スペースで［修正］-［物理マテリアル］で設定した材質が、「モデルの材料」欄に表示されます。

［拘束］-［構造拘束］で、イスの底面を選択します。

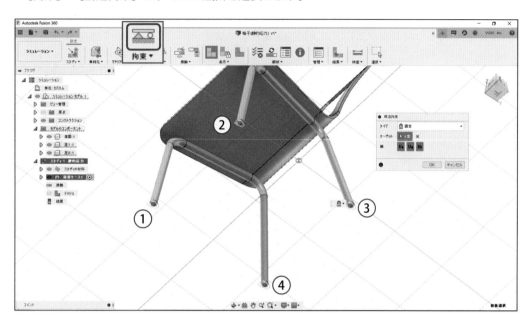

［荷重］-［構造荷重］で、座面を選択します。「方向タイプ」を「ベクトル (x, y, z)」に変更し、「Fz」を-400 N、「ターゲットを制限」をON にし、「半径」を150 mm に設定して、［OK］で確定します。

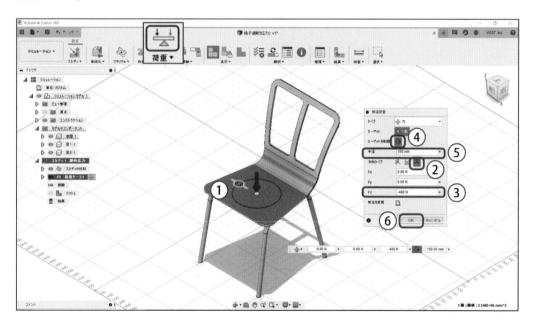

再度［荷重］-［構造荷重］で、背もたれを選択します。「ターゲットを制限」をON にし、「半径」を 100 mm、「大きさ」を 200 N に設定します。

中心の白いマークをドラッグし、以下の位置に移動します。

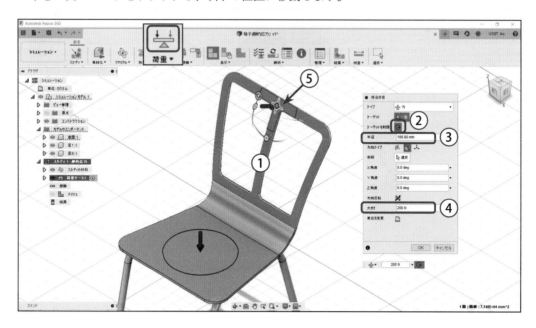

［表示］-［自由度ビュー］で、固定されている形状を確認します。

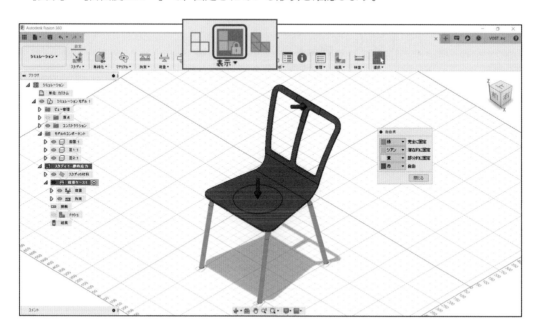

[接触] - [自動接触] を選択し、[生成] で接触を定義します。

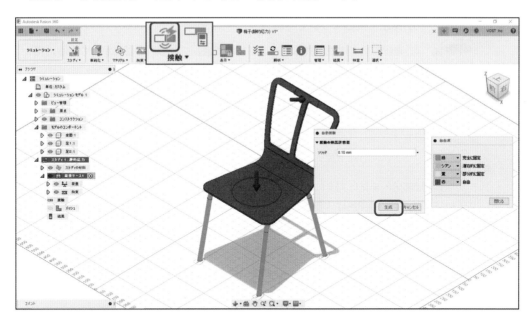

 複数部品で構成されるアセンブリを解析する場合、それぞれの部品がどのように接触するか
を定義する必要があります。

[接触] - [接触を管理] で「接触マネージャ」を開きます。接触の状態が確認できます。

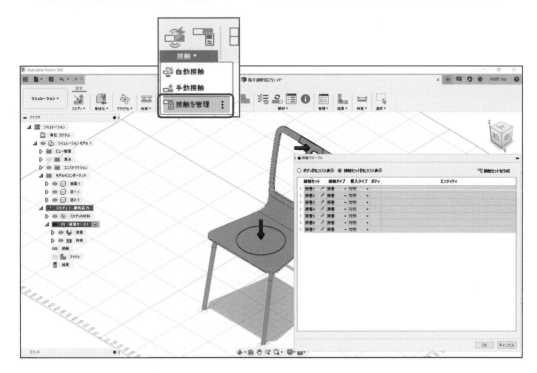

小休止：接触について学ぼう

　複数部品で構成されるアセンブリの場合、それぞれの部品がどのように接触しているのかによって、力や熱の伝わり方が変わります。

● 接着
2つの部品は完全に固着している「ボンド結合」状態です。加わった力や熱はすべて隣の部品に伝わります。

● 分離
2つの部品は部分的または完全に分離することができます。接触をするとそこから力や熱が伝わります。互いの部品はスライドしません。
モード周波数解析には使用できません。

● スライド
2つの部品は、部品同士の接触面が互いに摺動（スライド）するように接触します。
モード周波数解析には使用できません。

● 粗い
2つの部品は部分的または完全に分離することができ、それらが触れた場合に互いに摺動（スライド）することができます。
モード周波数解析には使用できません。

● オフセット接着
接していない2つの部品を接着状態として設定できます。[接触を編集]ダイアログボックスで、必ず十分大きな[最大有効距離]を指定してください。少なくとも、2つのボディ間のギャップにメッシュサイズのおよそ半分を加えた値を指定することをお勧めします。

　［解析］-［解析］で解析を実行します。ダイアログボックスで「ローカル」を選択し、［解析］を実行します。

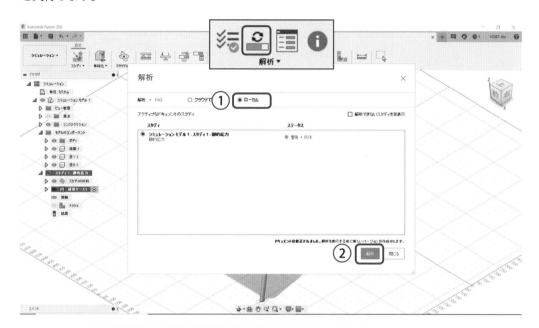

　「ステータス」が「警告」となっていますが、背もたれのモデリングに使用したサーフェスが認識されています。解析には影響が無いので、このまま解析を実行します。

　結果の凡例のドロップダウンから「変位」を選択し、どのように変形するかを確認します。

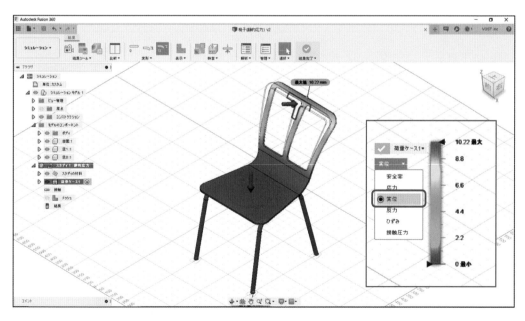

　「変位」は、形状が元の位置から何 mm 変形するかを示しています。

表示されている変形は、誇張して表現されており、実際の変位量とは異なります。実寸や誇張の度合いは、[結果] - [変形スケール] で変更できます。

凡例のドロップダウンから「応力」を選択し、どこに力がかかるかを確認します。

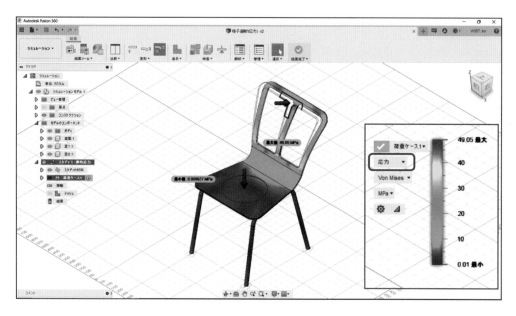

バーをドラッグして、応力がかかる個所のみを表示します。

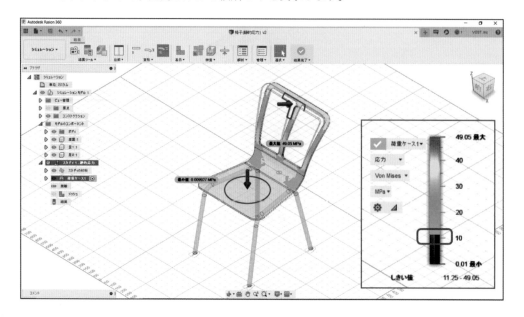

凡例のドロップダウンから「安全率」を選択し、危険な個所を確認します。

 安全率は、各材質の降伏強度（塑性変形を起こさずに、材料に生じさせることのできる最大応力、つまり、変形してしまうかどうかの境目の応力）と、実際にかかっている応力の除算で求められます。
安全率が「1」を下回ると塑性変形を起こしすため、どの程度安全を見るかの指標にできます。

 各材質の降伏強度は、［マテリアル］-［スタディのマテリアル］の［プロパティ］で表示できます。

作業スペースを「デザイン」に変更し、形状を設計変更します。

履歴バーで「スケッチ5」を右クリックし、[スケッチを編集] します。

左上の「35 mm」の寸法をダブルクリックして「60 mm」に変更し、[スケッチを終了] でスケッチを終了します。

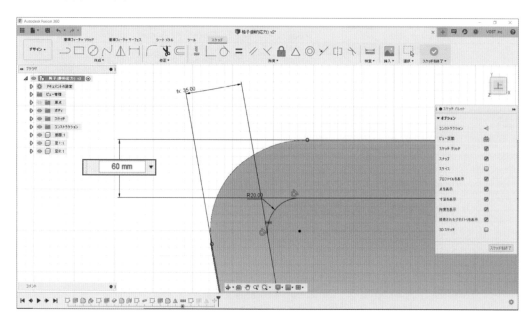

作業スペースを「シミュレーション」に変更します。

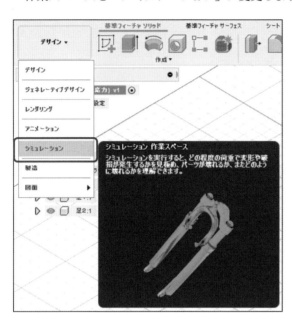

[解析] - [解析] で再計算を行います。ダイアログで「ローカル」を選択し、[解析] を実行します。

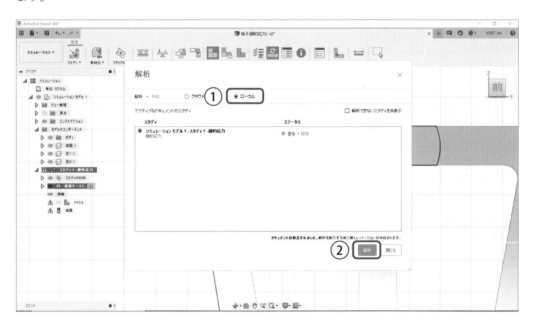

変位、応力、安全率が先ほどより少ない値になったのを確認します。

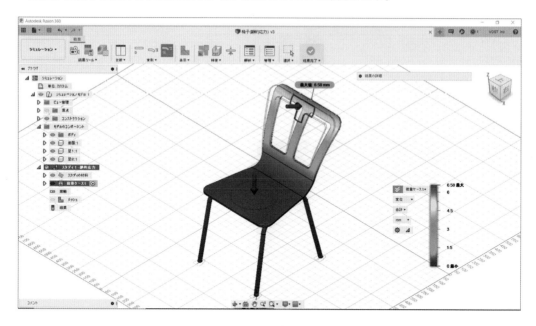

9.3 モード周波数

データパネルから、ワイングラスのデータを開きます。

使用するデータは、以下の URL からダウンロードできます。

https://cad-kenkyujo.com/book/（スリプリブックで検索）

「シミュレーションについて学ぼう」フォルダの「ワイングラス（モード周波数）」を使用します。

［修正］-［物理マテリアル］で、ガラスの材質を適用します。

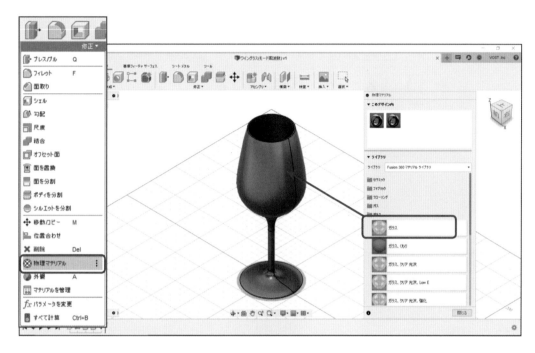

作業スペースを「シミュレーション」に変更します。

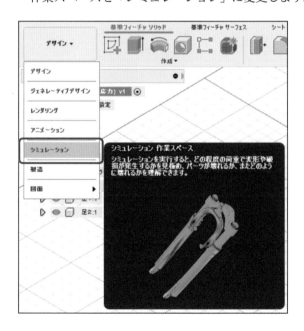

［シミュレーション］-［新規スタディ］で「モード周波数」を選択し、［スタディを作成］します。

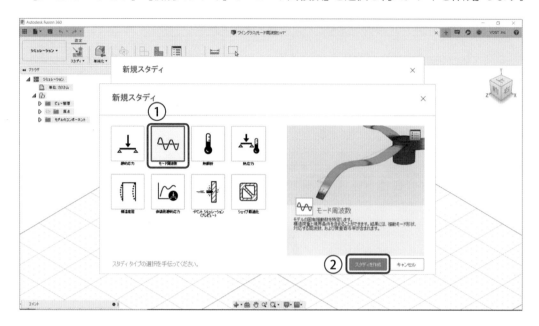

［拘束］-［構造拘束］で、ワイングラスの底面を選択して固定します。

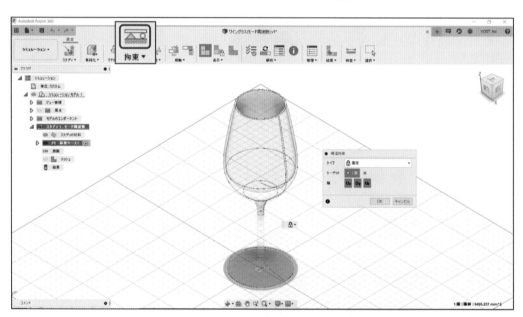

　［解析］-［解析］で解析を実行します。ダイアログで「ローカル」を選択し、［解析］を実行します。

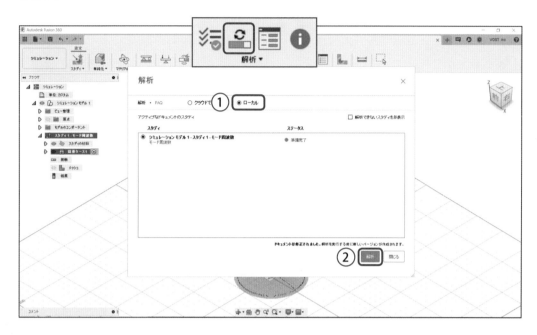

　モードのドロップダウンを開き、それぞれの固有モード（周波数）における変位の傾向を確認します。

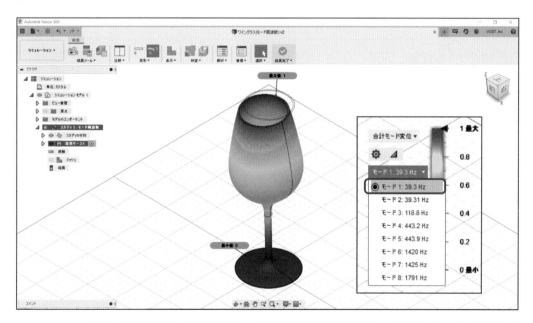

ここに表示される周波数が、このワイングラスが振動しやすい周波数です。
周囲に振動を発するものがある場合に、その振動の周波数がこのリストにある周波数の場合、共振を起こす可能性があります。

周波数を切り替え、結果を確認します。

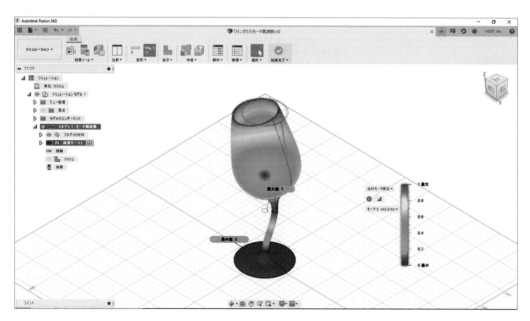

 表示される変位は、変位量を示しているわけではなく、一番変位する個所を「1」とした比率で表示されています。

[マテリアル] - [スタディの材料] で、「スタディの材料」を「ABS プラスチック」に変更します。

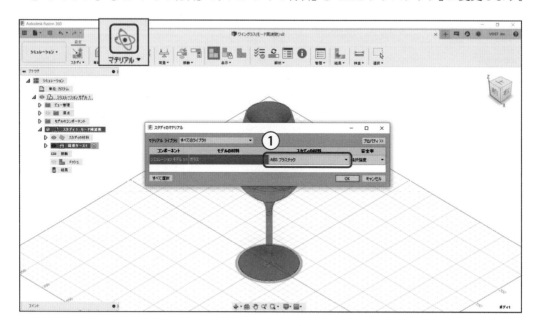

　［解析］‐［解析］で解析を実行します。ダイアログで「ローカル」を選択し、［解析］を実行します。

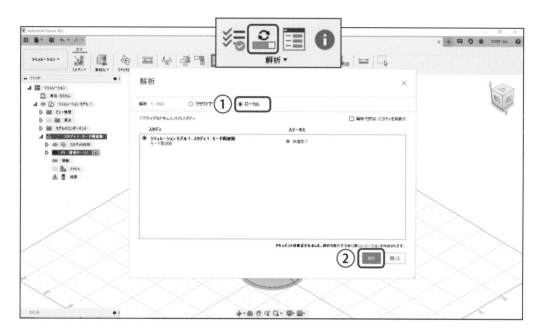

　結果を確認します。解析する材質を変更することで、様々な材料で検討を行えます。

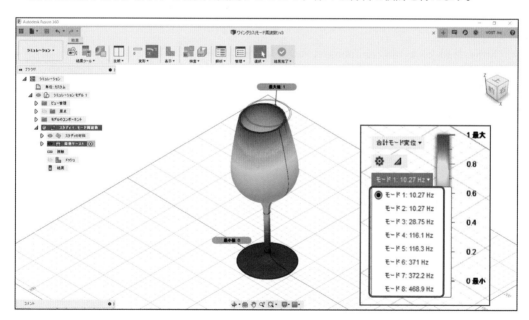

9.4 熱解析

データパネルから、やかんのデータを開きます。

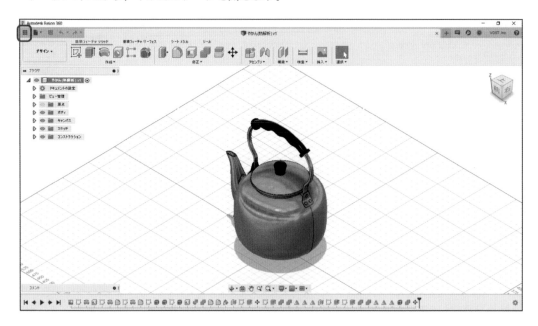

使用するデータは、以下の URL からダウンロードできます。

　　https://cad-kenkyujo.com/book/（スリプリブックで検索）

「シミュレーションについて学ぼう」フォルダの「やかん（熱解析)」を使用します。

作業スペースを「シミュレーション」に変更します。

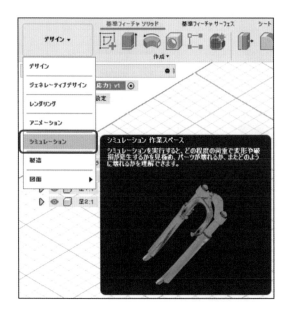

［スタディ］-［新規スタディ］で「熱解析」を選択し、［スタディを作成］します。

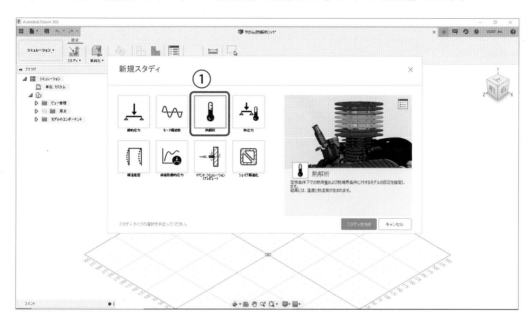

［マテリアル］-［スタディのマテリアル］を選択し、各部品の材質を確認します。今回のデータには、一般的なやかんの材質を設定してあります。

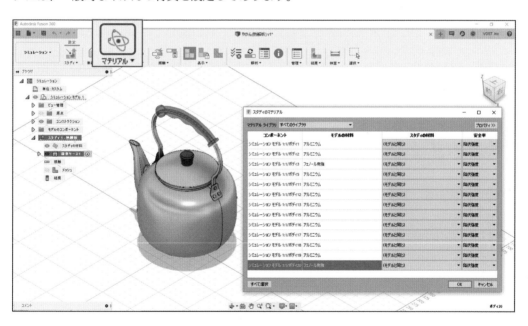

　[荷重]-[熱荷重]で、やかんの底面を選択します。「タイプ」を「指定温度」に、「温度の値」
を「270℃」に設定します。

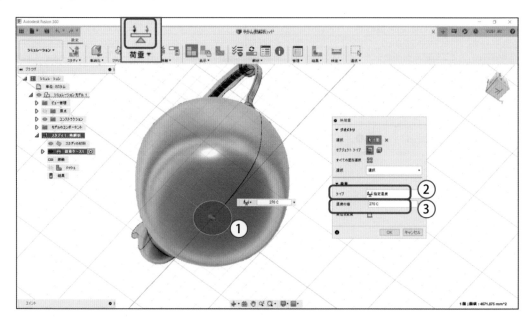

「指定温度」を設定すると、それ以上の温度には上がりません。

　[荷重]-[熱荷重]で「タイプ」を「熱伝達」にします。ドラッグでやかんをすべて囲んで
選択します。

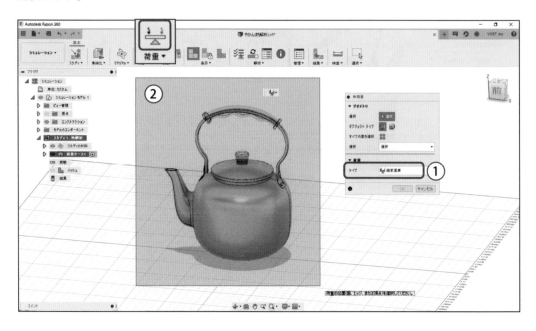

熱伝達の値を「11.63 W /(m^2 K)」に設定し、「温度の値」を「25℃」に設定します。

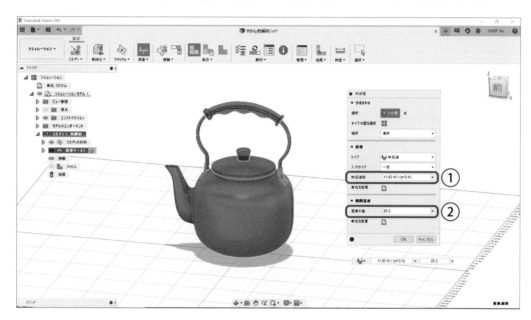

 熱伝達の値は、流れている空気の空気の熱伝達率、10 〜 250 kcal/(m² · h · ℃) を想定して設定しています。
今回は 10 kcal/(m² · h · ℃) とし、1 kcal/(m² · h · ℃) = 1.16279 W/(m² K) なので、「11.63 W/(m^2 K)」を入力しています。

小休止：熱の伝わり方

　熱解析を行う際、非常に重要なのが熱の伝わり方です。
　熱の伝わり方は大きく分けて3つに分かれます。「熱伝導」、「熱伝達（対流）」、「輻射（放射）」です。

● 熱伝導
固体や流体の内部で、または接触している物体同士で、熱が高温側から低温側へ伝わる現象です。

● 熱伝達（対流）
固体と液体（または気体）の間で、接触している表面間で熱が高温側から低温側へ伝わる現象です。

● 輻射（放射）
電磁波などが伝達先の固体や液体に当たることで、分子が振動して熱を発生する現象です。

熱伝導は、Fusion 360 で設定されている材質の熱伝導率と、各部品の接触定義によって計算されます。

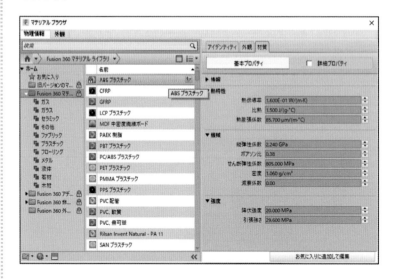

通常、部品は空気に触れているため、「熱伝達」の設定は必ず行う作業となります。

[接触] - [自動接触] を選択し、[生成] で接触を定義します。

[表示] - [自由度ビュー] を選択し、すべて熱伝導の表示になっているのを確認します。

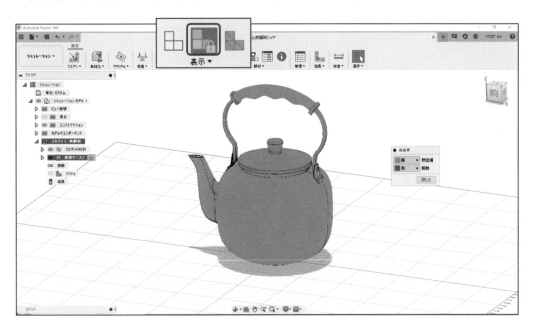

ブラウザで「メッシュ」を右クリックし、［メッシュを生成］を選択します。

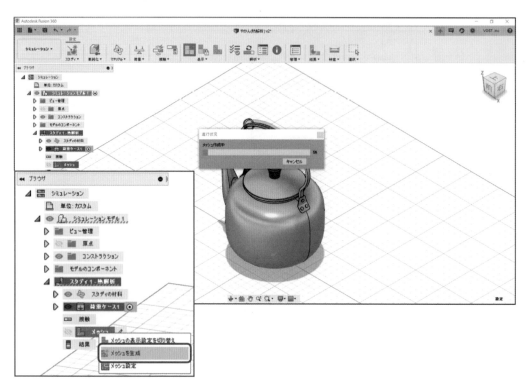

解析を実行すると、①形状をメッシュ化し、②設定された荷重条件などを計算し、③それぞれのメッシュに対してどの程度の力や熱がかかっているかを計算し、④解析結果として表示しています。解析を実行する前にメッシュを生成しておくことで、適切なメッシュ密度になっているかどうかを事前に確認できるため、試行錯誤の計算時間を短縮できます。

今回の設定では、以下のように曲面部分が荒くなっているため、設定を変更します。

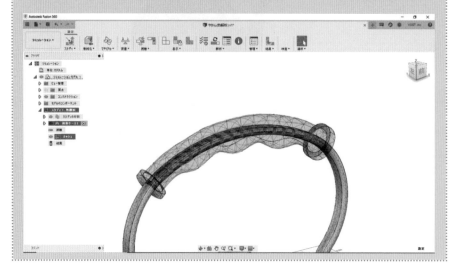

ブラウザで、メッシュの［編集］ボタンを選択し、メッシュの設定を行います。

「高度な設定」で「曲線の最大回転角度（度)」を30に設定します。

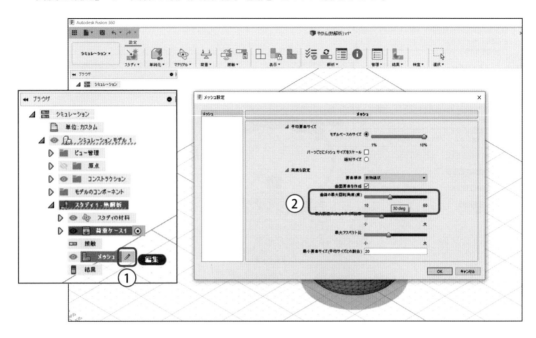

［解析］-［解析］で、解析を実行します。ダイアログで「ローカル」を選択し、［解析］を実行します。

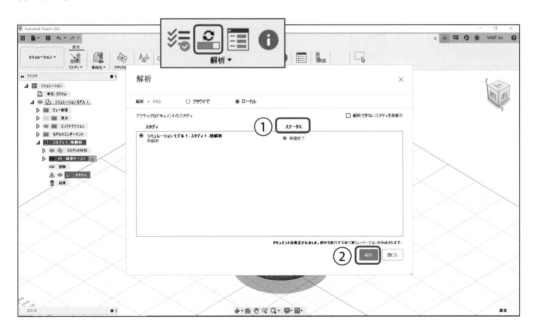

結果が表示されたら、[検査] - [最小 / 最大を表示] を選択します。

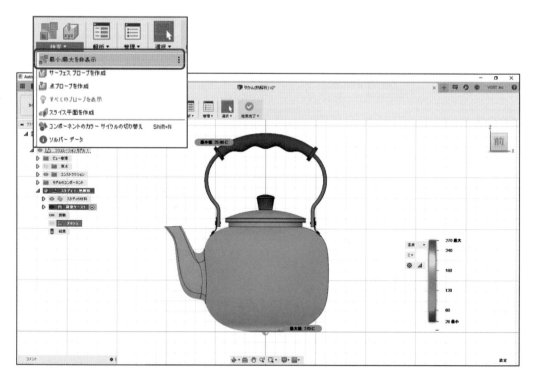

[検査] - [サーフェスプローブを作成] で、形状の計測したい個所をクリックします。

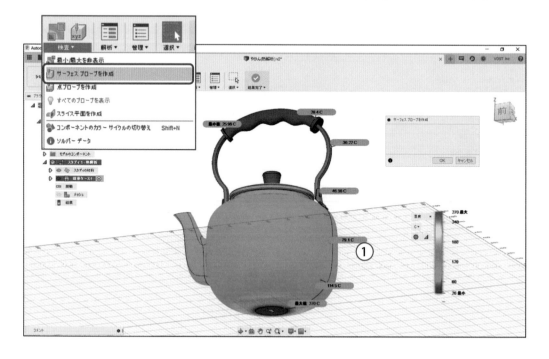

9.5 熱応力

データパネルから、コースターのデータを開きます。

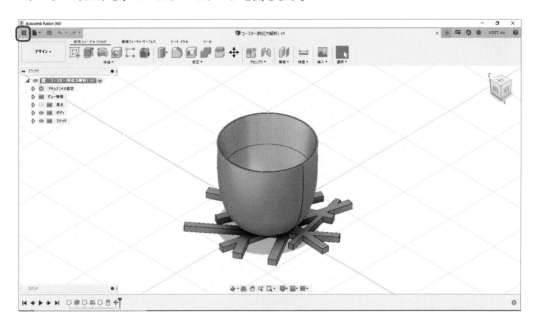

使用するデータは、以下の URL からダウンロードできます。

　https://cad-kenkyujo.com/book/ （スリプリブックで検索）

「シミュレーションについて学ぼう」フォルダの「コースター（熱応力）」を使用します。

コップの内側の一部分にのみ熱を加えるため、面を分割します。
［スケッチを作成］で横向きの平面を選択します。

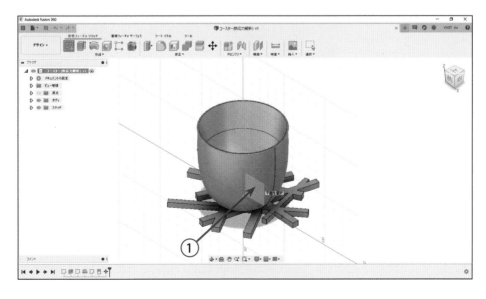

［作成］-［線分］で以下のような線分を作成します。

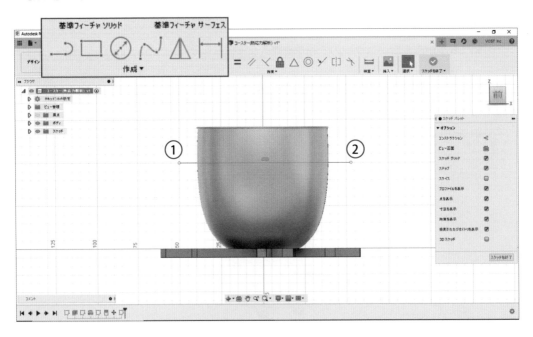

［作成］-［スケッチ寸法］で原点と線分に 45 mm の寸法を作成し、［スケッチを終了］でスケッチを終了します。

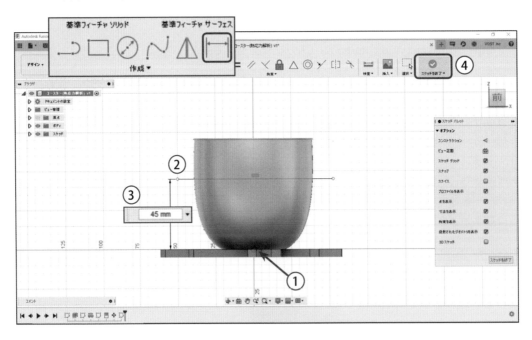

［修正］-［面を分割］で、内側の面を分割します。「分割ツール」として作成した線分を指定します。

 面の一部分にのみ、力や熱をかける場合には、［面を分割］で面を分割します。

作業スペースを「シミュレーション」に変更します。

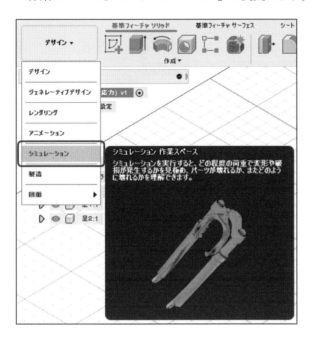

［スタディ］-［新規スタディ］で「熱応力」を選択し、［スタディを作成］します。

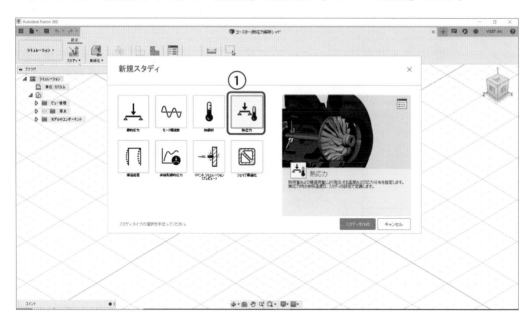

［マテリアル］-［スタディのマテリアル］を選択し、各部品の材質を確認します。

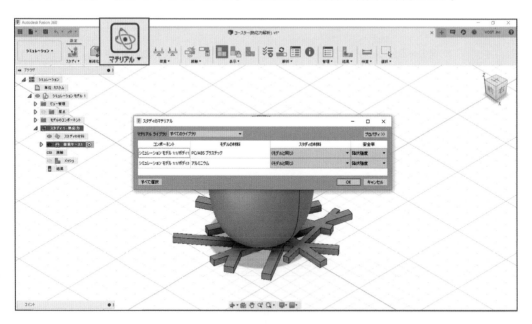

［拘束］-［構造拘束］で、コースターの底面を固定します。

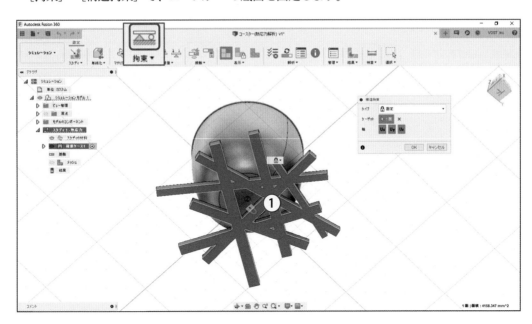

［荷重］-［熱荷重］で、内側の面に「指定温度」で「80℃」の温度を設定します。

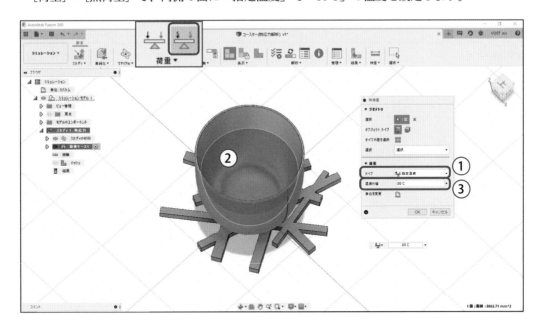

［荷重］‐［熱荷重］で、「タイプ」を「熱伝達」に、「すべての面を選択」をONにします。
コップを選択します。

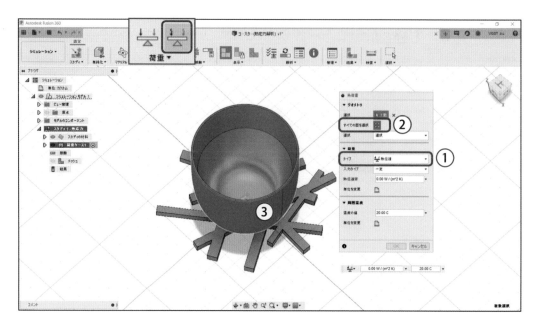

熱伝達の値を「11.63 W /(m^2 K)」に設定し、「温度の値」を「25℃」に設定します。

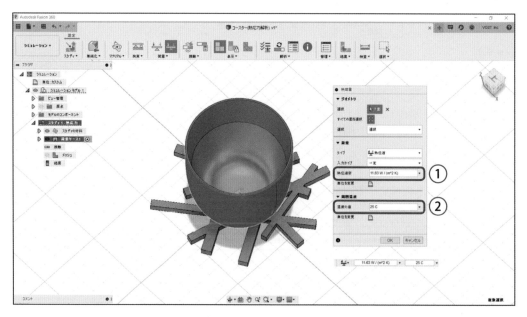

今回のコースターの熱伝達は、空気中への熱伝達値、コースターが置かれる机への伝達値、コップの下部分の熱がこもる個所の熱伝達値をすべて考慮すると非常に煩雑になります。計算と設定を簡便にするため、コースターには熱伝達の設定は与えず、断熱（熱が逃げない）設定で計算を行います。

［接触］-［自動接触］を選択し、［生成］で接触を定義します。

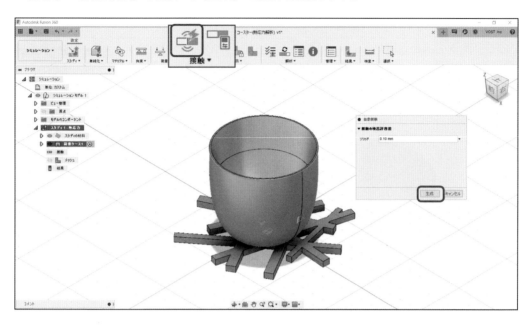

［接触］-［接触を管理］で「接触マネージャ」を開き、「接着 2」の「接触タイプ」を［スライド］に変更します。

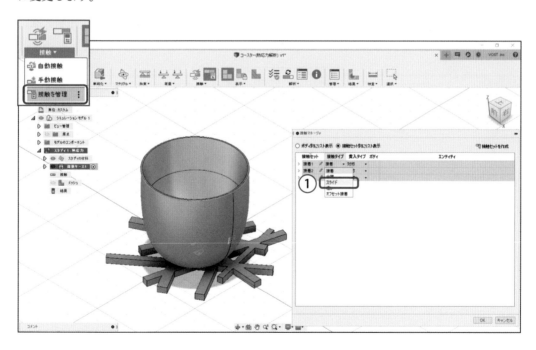

　「接着1」と「接着3」をCtrlキー（Macは⌘キー）を押して複数選択し、右クリックで「接触セットを抑制」を選択します。

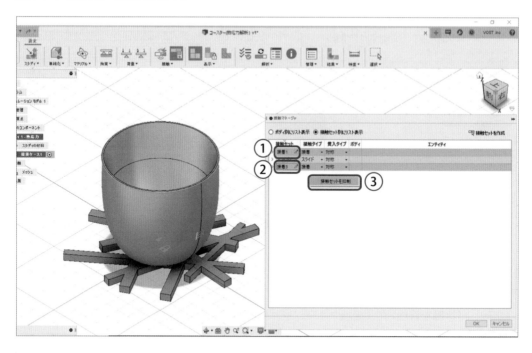

　[解析]‐[解析]で、解析を実行します。ダイアログで「ローカル」を選択し、[解析]を実行します。

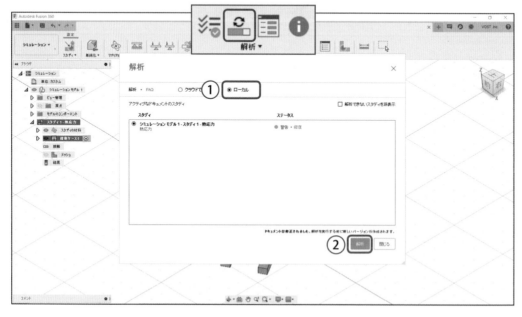

　今回は、コップ本体がコースターに乗っているだけで、接触設定を「スライド」のみにしたため、完全固定されておらず、「ステータス」が「警告」となります。
　今回はこの設定で問題無いため、このまま解析を実行します。

ブラウザから「body3（コップ）」を非表示にし、コースターのみを表示します。
凡例のドロップダウンから「変位」を選択し、変位する個所を確認します。

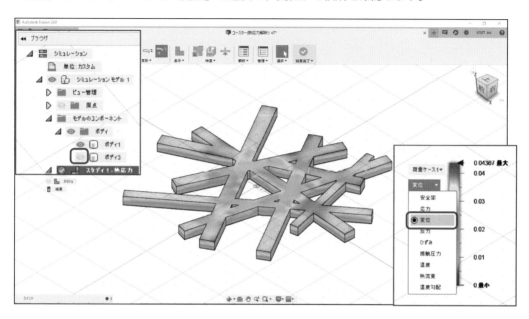

熱応力解析は、熱によって発生する応力や圧力、温度などを解析できます。

最も変位する個所を確認します。

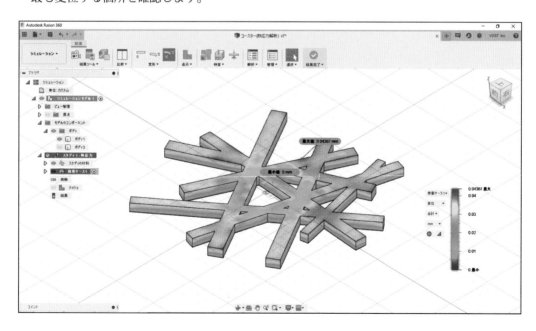

第 10 章

おしゃれ腕輪を作ろう

次の内容を学習します。

- スキャンデータの修正方法
- メッシュデータを利用したモデリング方法
- 干渉チェックを含めたアセンブリ設計方法
- サーフェスを利用したモデリング方法

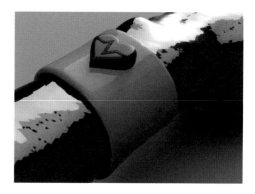

10.1 この章の流れ

　この章では、腕輪を作りながらメッシュデータ（STL データ）に合わせたモデリング方法を学びます。

　利用するメッシュデータの準備をします（10.2、10.3 節）。

　フォームモードで腕輪のベース形状を作成します（10.4 節）。

　ソリッドモードで腕輪を 2 つの部品に分割します（10.5 節）。

　アセンブリコマンドで干渉チェックをします（10.6 節）。

　モーションスタディで動きのチェックをします（10.7 節）。

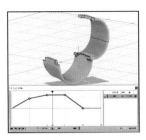

　サーフェスで装飾のベース形状を作ります（10.8 節）。

　装飾を仕上げます（10.9 節）。

10.2 ［メッシュ］作業スペースを有効にしよう

［ユーザー名］-［基本設定］で初期設定を変更します。

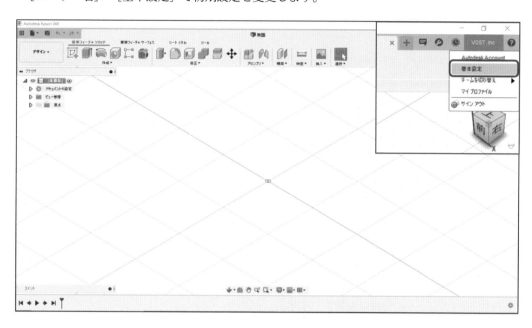

「プレビュー」を選択し、「［メッシュ］作業スペース」にチェックを入れます。

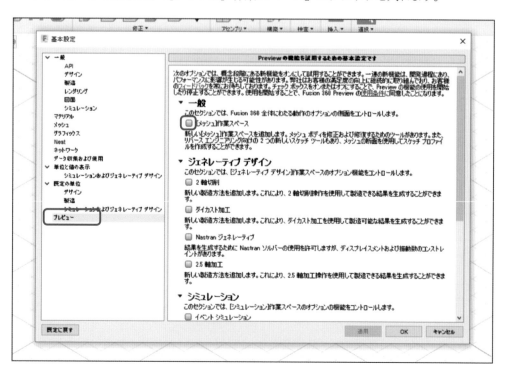

以下のようなメッセージが出たら「次回からサイン アップ」を選択し、[OK]で確定します。

10.3 メッシュをインポートしよう

[作成] - [メッシュを作成]を選択します。

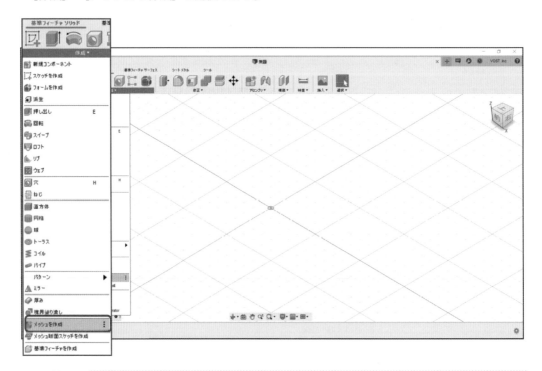

[メッシュを作成]コマンドを実行すると、[メッシュ]作業スペースに移行します。ここで作業した内容は、履歴バーの「メッシュ1」の履歴に格納されます。

［作成］-［メッシュを挿入］で「arm.stl」を挿入し、［OK］で確定します。使用するデータは、以下の URL からダウンロードできます。

https://cad-kenkyujo.com/book/（「スリプリブック」で検索）

「おしゃれ腕輪」フォルダの「arm.stl」を使用します。

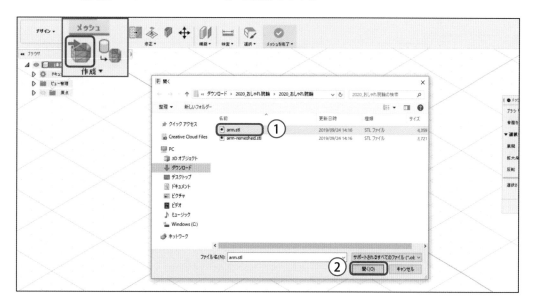

メッシュの粗さが腕の表側と裏側で異なるため、今後の作業をしやすいようにメッシュを均一に整えます。

［修正］-［再メッシュ］で腕をダブルクリックし、［OK］で確定します。

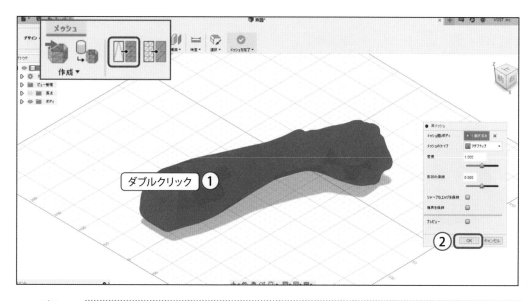

形状をダブルクリックするとメッシュボディが全選択されます。

[再メッシュ] コマンドは、数万個の三角形で表現されるメッシュを均一に計算しなおすため、処理に時間がかかることがあります。

Esc キーを押すか画面の何もないところをクリックし、選択を全解除します。

［修正］-［スムーズ］で腕の裏側の荒れた個所をなぞり、［OK］で確定します。

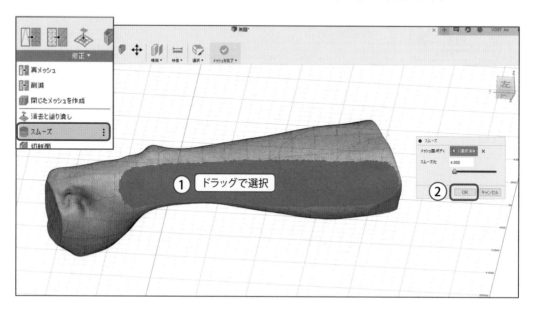

Esc キーを押すか画面の何もないところをクリックし、選択を全解除します。

［修正］-［削除と塗り潰し］で腕の裏のくぼんだ個所を選択し、［OK］で確定します。

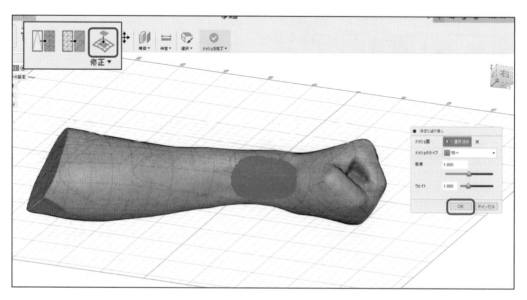

［削除と塗り潰し］は、選択した個所を削除して周りの面に滑らかにつながるように埋め直す機能です。

［メッシュを完了］で［デザイン］作業スペースに戻ります。

10.4 腕輪をモデリングしよう

［構築］-［傾斜平面］で青色の軸（Z 軸）を選択し、–20 度傾いた平面を作成します。

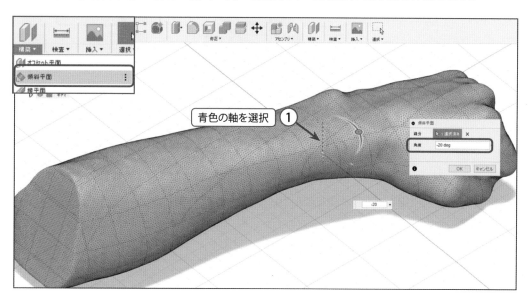

［スケッチ作成］で、作成した平面を選択し、腕輪の輪郭を作成します。

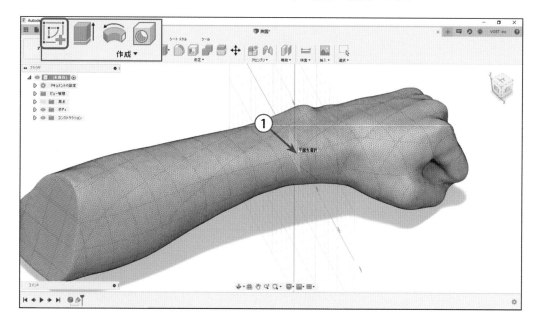

　［スケッチ パレット］の「スライス」を ON にするとスケッチ平面でカットされたビューになり、スケッチを描きやすくなります。

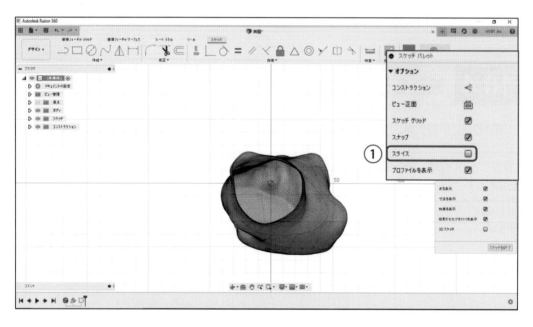

　［作成］-［円］-［中心と直径で指定した円］で 70 mm の円を作成し、［スケッチを終了］でスケッチを終了します。

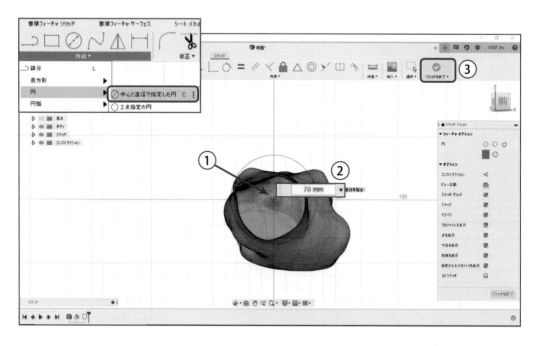

［作成］-［フォームを作成］で［フォーム］モードに移行します。

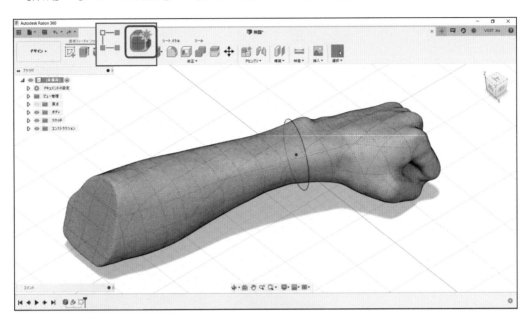

［作成］-［押し出し］で円を 50 mm 伸ばします。「面」を 16、「正面の面」を 8 に設定します。

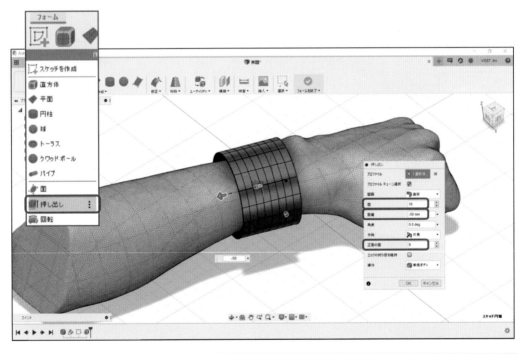

「面」と「正面の面」で面の分割数を設定できます。

［選択］-［選択フィルタ］-［通過点を選択］のチェックが入っていることを確認します。このチェックが外れていると、画面上に見えていない奥側の点が選択できません。

［修正］-［プル］で形状をドラッグですべて選択し、［OK］で確定します。

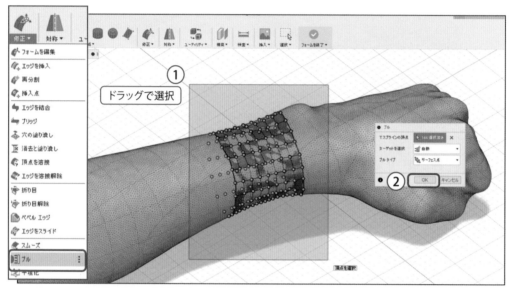

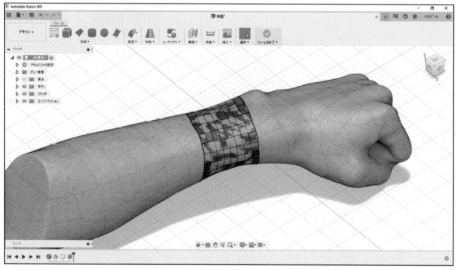

［プル］コマンドは、フェイス上のポイントを形状に自動的にフィットさせるコマンドです。なるべくフィットさせる形状に近い位置からプルしないと、思い通りの形にならなかったり、自己交差する箇所が発生する場合があります。

［修正］-［厚み］で -0.5mm 厚みをつけます。「厚さのタイプ」で「エッジなし」を選択します。

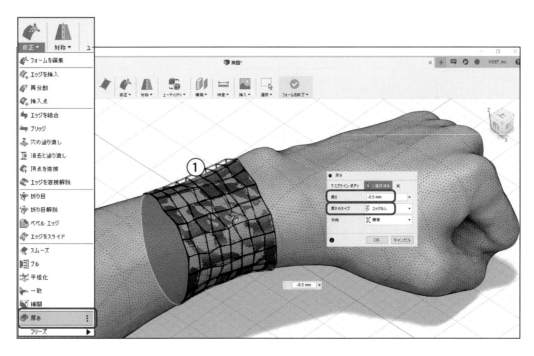

　右クリックで表示されるポップアップメニューの上部［繰り返し 厚み］を選択し、0.5 mm オフセットした面にさらに 5 mm 厚みをつけます。「厚さのタイプ」で「エッジなし」を選択します。

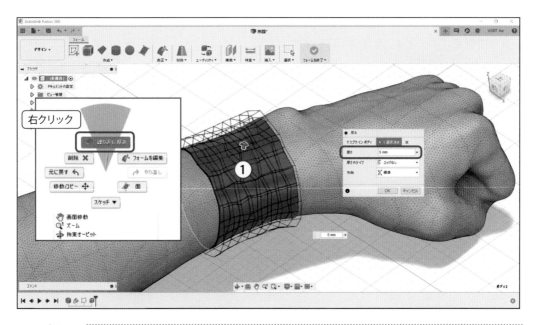

　直前に使用したコマンドは、右クリックした際に表示されるポップアップメニューの上側のアイコンで再度実行できます。

［修正］-［補間］で 5 mm オフセットした面を選択し、「方向」を「サーフェス点」に設定します。

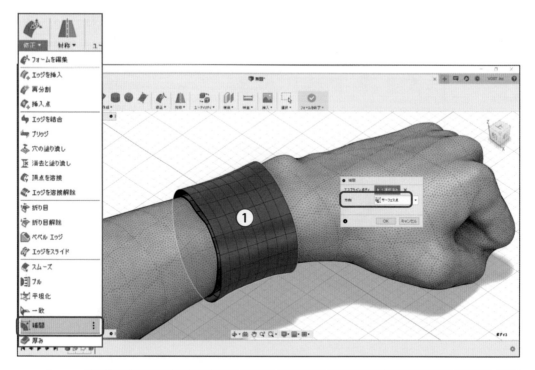

 ［補間］コマンドは、Tスプライン形状の制御点やサーフェスポイントを補間し、平均的にするコマンドです。意図せず波打った面になった場合等に使用します。

ブラウザで「ボディ 1」を非表示にします。

［修正］-［ブリッジ］で端をつなぎます。「プレビュー」にチェックを入れ、「面」を1に設定します。

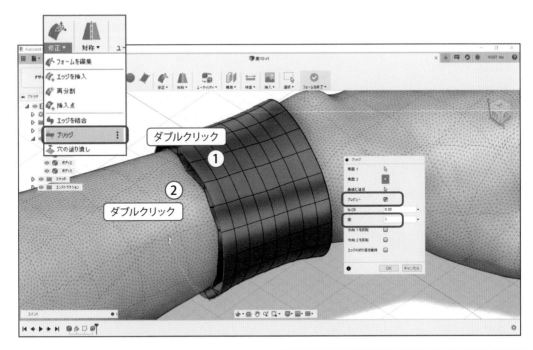

 エッジをダブルクリックすると、ループ選択ができます。

反対側も同様にブリッジを行います。

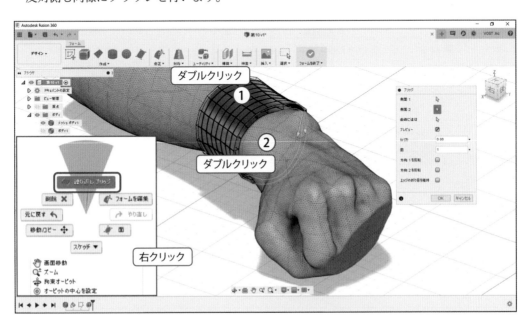

［フォームを終了］でフォームモードを終了します。

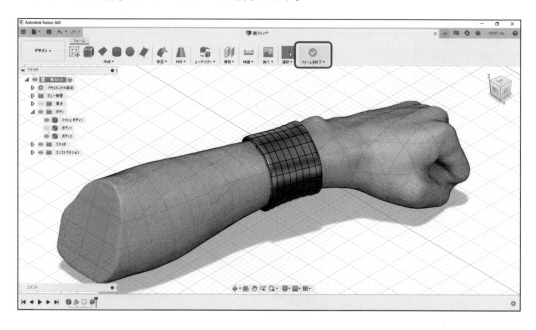

10.5 腕輪を2部品にしよう

［構築］-［傾斜平面］で青色の軸（Z軸）を選択し、70度傾いた平面を作成します。

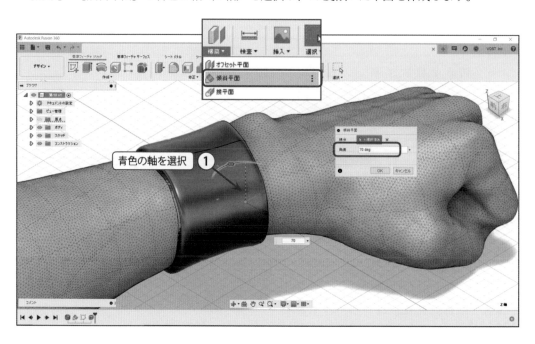

　形状をカットするための直線を作成します。［スケッチを作成］で作成した平面を選択し、ブラウザで「メッシュ ボディ1」と「ボディ1(1)」を非表示にします。

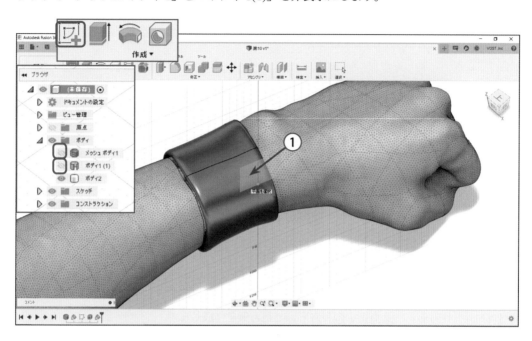

　［作成］-［線分］で以下のような線分を作成します。

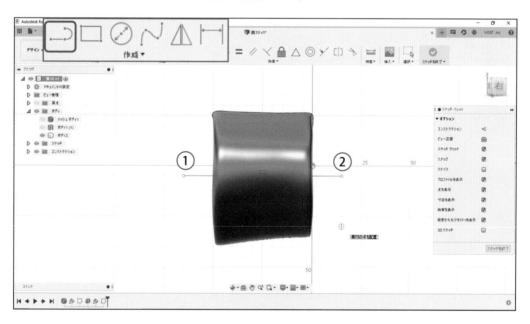

［作成］-［スケッチ寸法］で、原点から 5 mm の寸法をつけます。

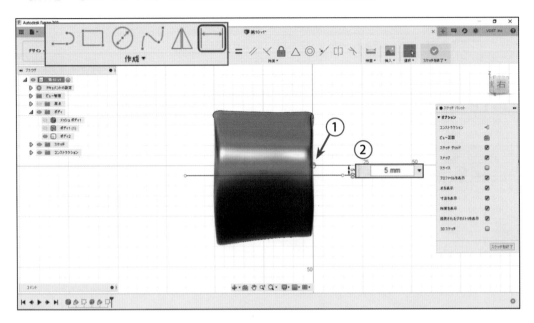

［作成］-［長方形］-［2 点指定の長方形］で長方形を作成します。

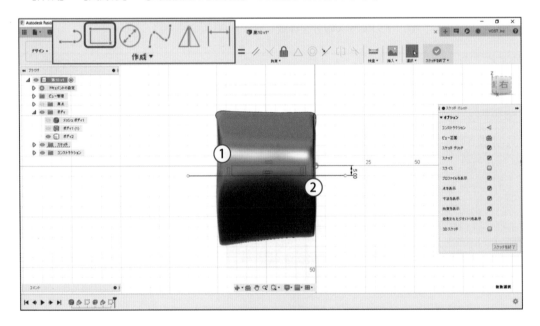

[作成]-[スケッチ寸法]で、縦6 mm、横30 mm、原点からの距離10 mmの寸法を作成します。

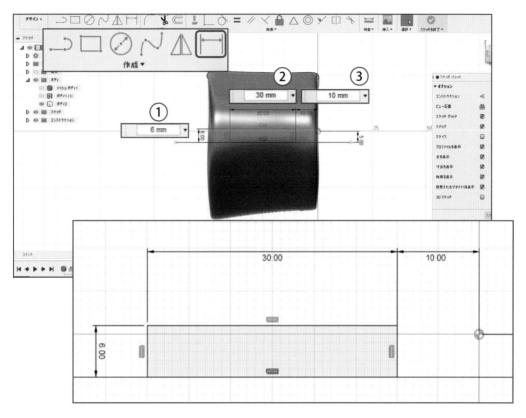

[修正]-[トリム]で不要な線をトリムします。[スケッチを終了]でスケッチを終了します。

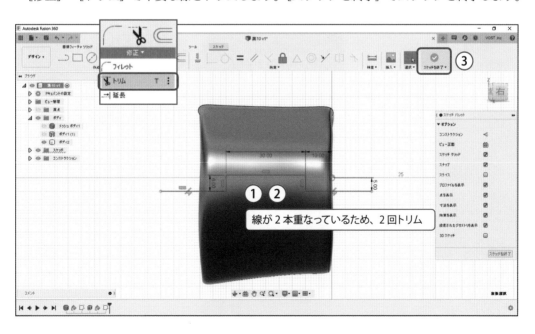

［修正］-［ボディを分割］で形状を分割します。

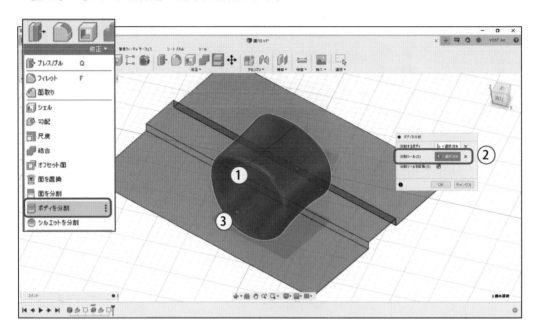

［アセンブリ］-［新規コンポーネント］で「ボディから」を選択し、2つの形状を選択します。

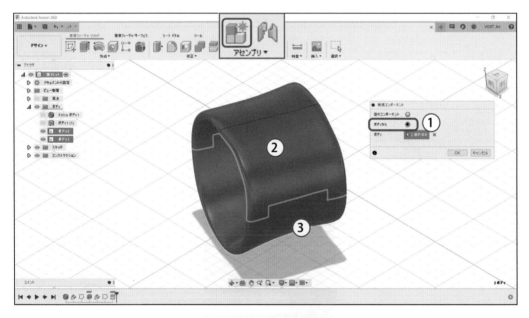

 ブラウザでボディを右クリックし、［ボディからコンポーネントを作成］コマンドでも同様にコンポーネント化ができます。

 コンポーネント化すると、以降の作業履歴はコンポーネントごとに管理されます。

ブラウザーで「コンポーネント 1」を非表示にし、「コンポーネント 2」をアクティブ化します。

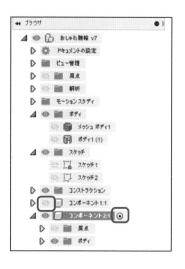

ボディとコンポーネントの違い

Fusion 360 を使用する中で、ボディとコンポーネントをどう使い分けるのかが重要になります。ここでは、ボディとコンポーネントのそれぞれの違いと、使い分け方を学びます。

ボディ 形状のかたまりの単位です。複数のボディを[結合]することで、1 つのボディとなります。モデリングのために使用したサーフェスやメッシュなど、部品を作成するために使用したものもすべてボディという単位で表現されます。

コンポーネント 「部品」という意味です。ボディからコンポーネントを作成する、または新規コンポーネントを作成して作業することで、[アセンブリ] - [ジョイント]で組み立てを行ったり、コンポーネントをアクティブ化することでコンポーネントに関連する履歴のみを確認しながら作業したりできます。

1 つのコンポーネントの中に、原点、スケッチ、ボディ、コンストラクション等を含めて管理することができます。

コンポーネントの中に 1 つまたは複数のコンポーネントを含めることで、アセンブリ階層を定義できます。

［スケッチを作成］で、蝶番部を作成します。

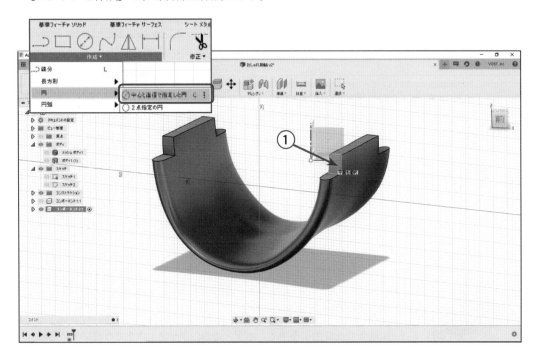

　［作成］-［円］-［中心と直径で指定した円］で直径 2.5 mm の円を作成し、［作成］-［スケッチ寸法］で、縦 1.6 mm、横 2.5 mm の寸法を作成します。

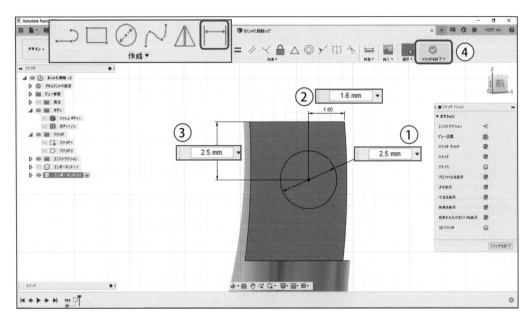

［作成］-［押し出し］で2.5mm伸ばし、テーパを−5度つけます。

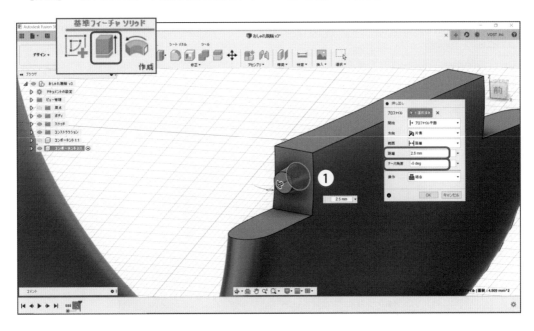

［構築］-［中立面］で平面を作成します。

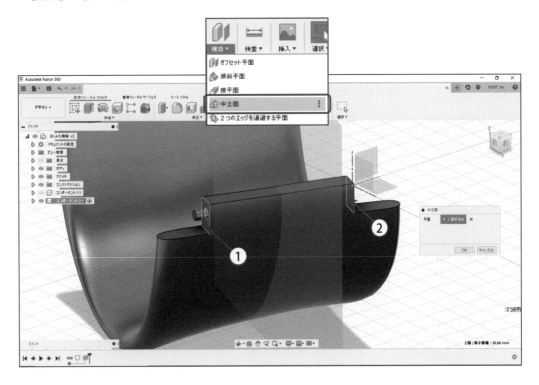

［作成］-［ミラー］で突起を選択し、作成した平面を基準にコピーします。

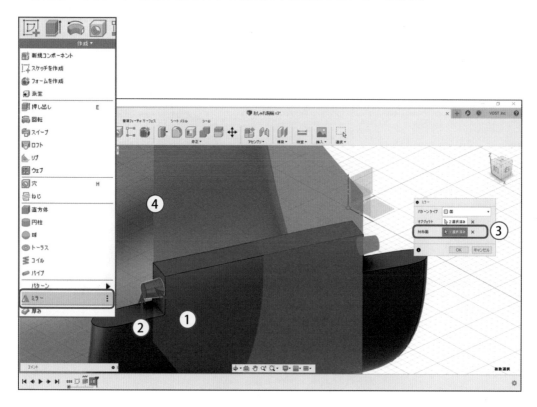

　ブラウザで、「コンポーネント2」の階層の下にある「平面1」を非表示にし、「コンポーネント1」を表示してアクティブ化します。

［修正］-［結合］で「操作」を「切り取り」に設定し、「ツールを維持」にチェックを入れて作成した突起部分を引きます。

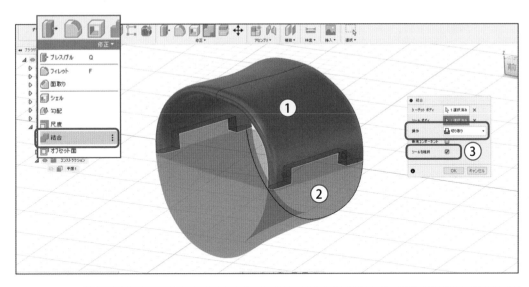

「ツールを維持」のチェックが外れていると、ツールボディはなくなります。

ブラウザで「コンポーネント1」を非表示にし、［修正］-［プレス/プル］で内側に −0.5 mm オフセットします。

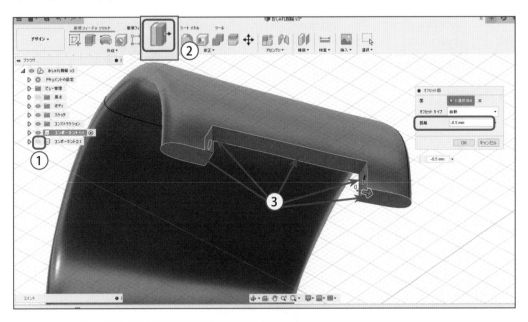

このモデルは組み立てができない部品になるため、通常だと組み立てられるように設計を考慮する必要があります。3Dプリンターのような積層造形だと、蝶番部を一体成型で造形できるため、今回は3Dプリンターで造形することを前提としてモデルを作成しています。

［修正］-［プレス / プル］で穴を内側に −0.1 mm オフセットします。

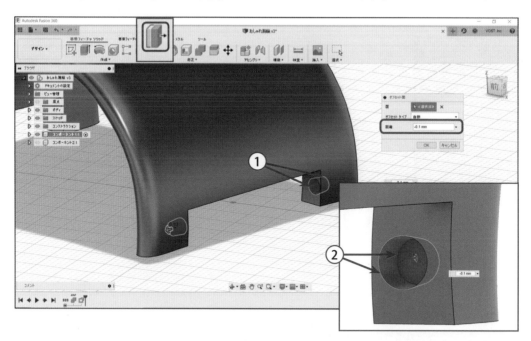

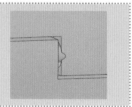

 穴をオフセットすることで少し穴がはみ出す（破れる）場合が
あります。今回は元の突起の位置を変更することではみだしが
ないように設計変更します。

ブラウザーで「コンポーネント 1」を表示し、一番上のフルアセンブリをアクティブ化します。

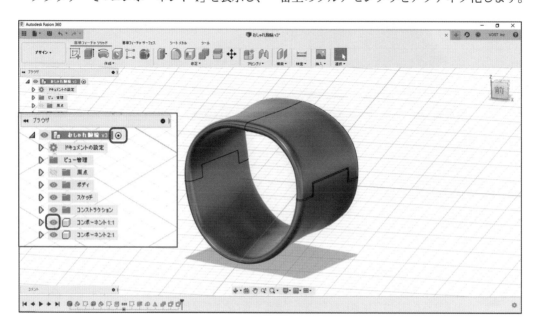

　ブラウザで「コンポーネント2」の階層下にある「スケッチ1」を表示し、右クリックして［寸法を表示］を選択します。

　1.6 mm の寸法を2 mm に変更します。

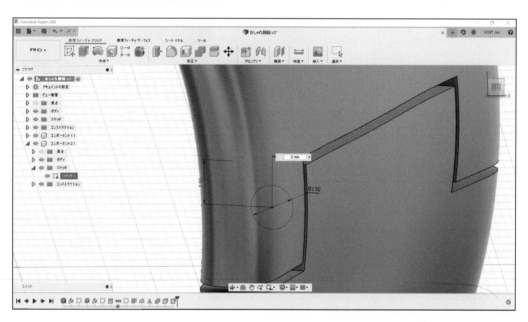

　［スケッチの編集］でスケッチモードに入らなくても、寸法を変更することで適切な穴位置に調整できます。

　調整が終わったら、「スケッチ1」を非表示にします。

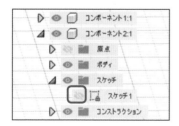

10.6 アセンブリコマンドで干渉チェック

ブラウザで「コンポーネント2」を右クリックし、[固定]を選択します。

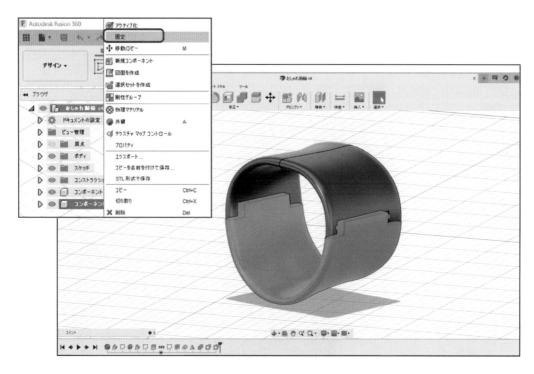

[アセンブリ]-[位置固定ジョイント]で、「タイプ」を「回転」に設定し、コンポーネント
を選択します。

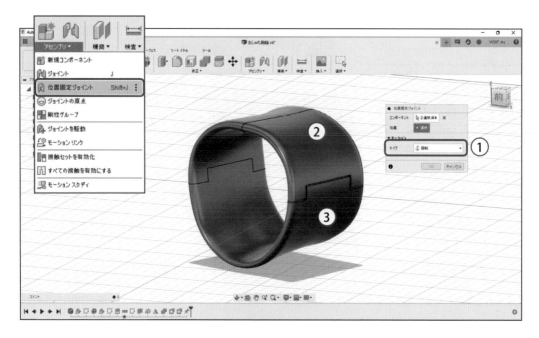

突起の入る穴のエッジを選択します。

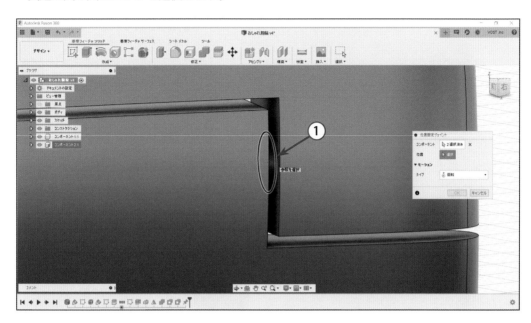

「コンポーネント 1」をマウスでドラッグして回転することを確認できたら、［位置］-［元に戻す］で元の位置に戻します。

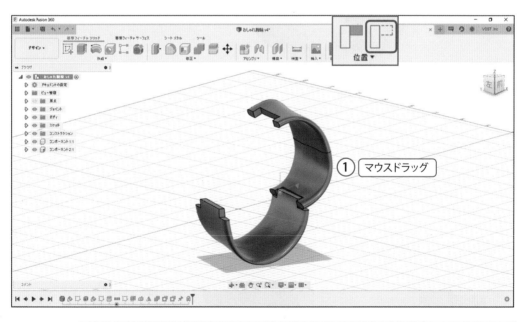

ワンポイントアドバイス

コンポーネントをドラッグした際、メニューバーに［位置］コマンドが表示されます。これは、初期の位置と異なる位置にコンポーネントが移動したことを示し、［位置］-［元に戻す］で元の位置に戻すことができます。
［位置］-［位置をキャプチャ］では、現状のコンポーネントの位置のまま設計を進めることができます。

ブラウザで「ジョイント」の「回転 1」の横の [ジョイントの制限を編集] ボタンで可動範囲を変更します。

「最大値」にチェックを入れ、100 度に設定します。アニメーションで動きを確認します。

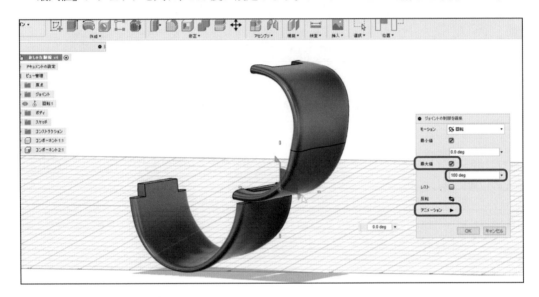

[アセンブリ] - [ジョイントを駆動] でジョイントのマークを選択し、40 度回転します。

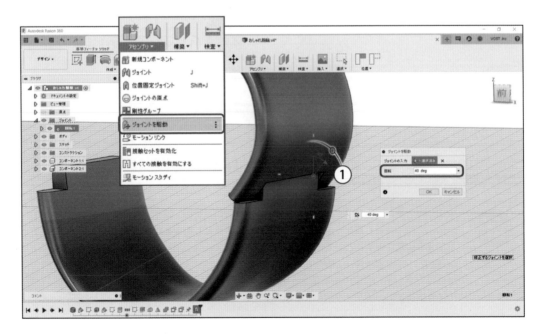

　［検査］-［干渉］で干渉チェックを行います。2つのコンポーネントを選択し、「計算」を選択します。

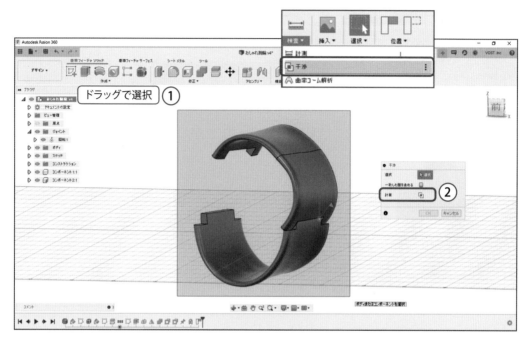

　干渉している箇所がリストアップされます。確認できたら［OK］を選択します。

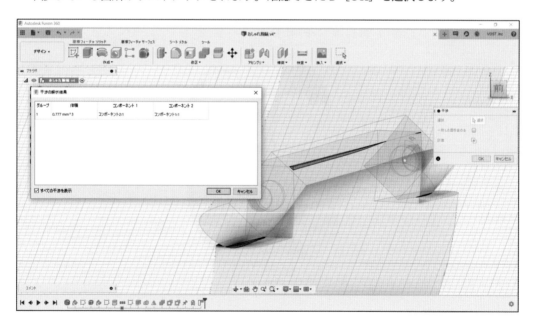

今回は面取りを作成して干渉を回避します。［修正］-［面取り］で 0.8 mm の面取りをつけます。

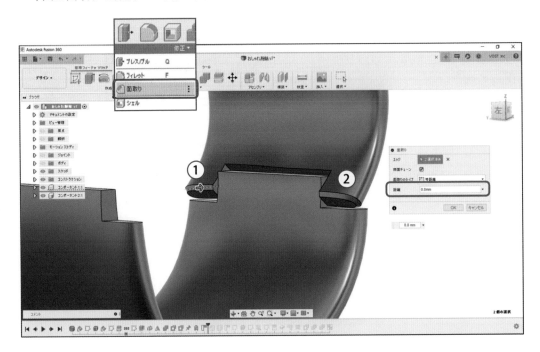

［位置］-［元に戻す］で位置を元に戻します。

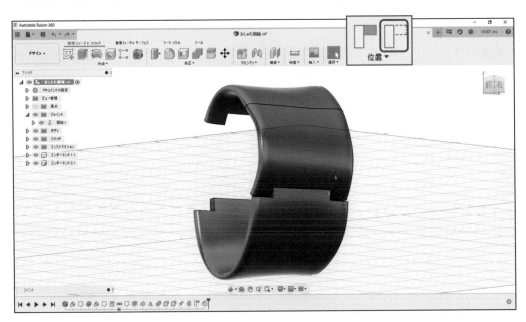

［修正］-［面取り］で 1 mm の面取りをつけます。

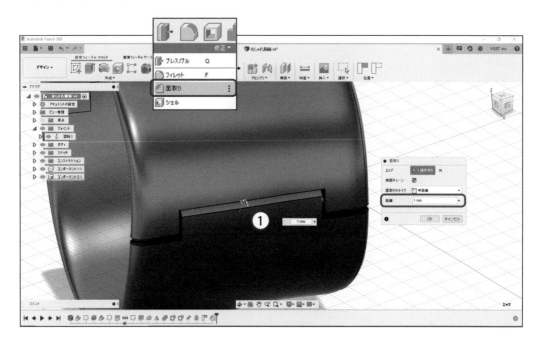

10.7　モーションスタディで動きのチェックをしよう

［アセンブリ］-［モーション スタディ］で回転ジョイントを選択します。

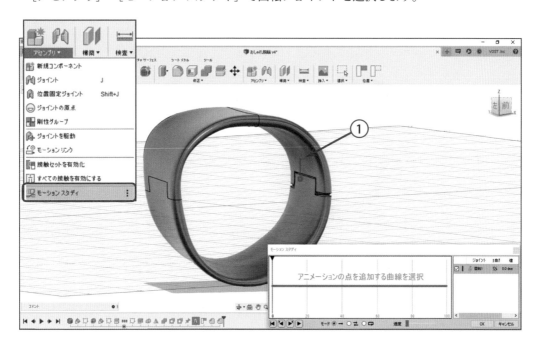

ステップ 20 の点をクリックし、角度に 90 度を入力して Enter で確定します。

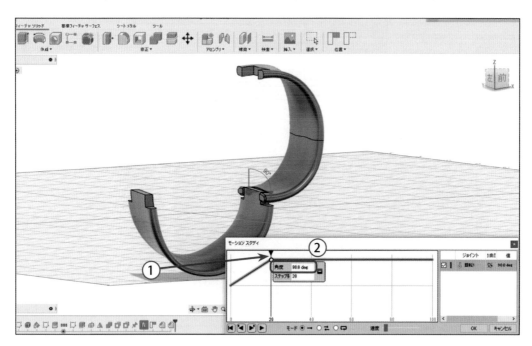

　続けて、ステップ 40 の箇所をクリックして角度に 120 度を入力し、ステップ 60 の箇所を
クリックして角度に 120 度を入力し、ステップ 80 の箇所をクリックして角度に 0 度を入力し、
Enter で確定します。
　再生ボタンで動作を確認します。

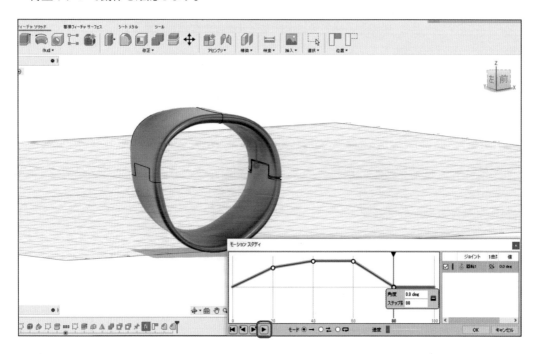

10.8 サーフェスで装飾を作ろう

　［アセンブリ］-［新規コンポーネント］で、「名前」に「ハート」とつけたコンポーネントを
作成します。

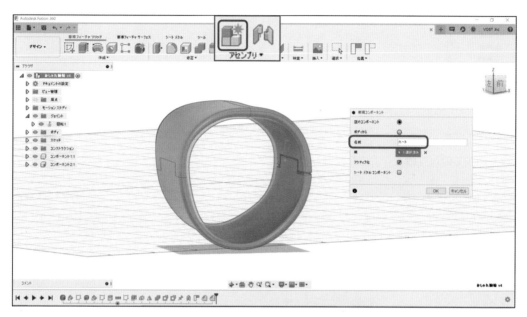

> 形状を作成する前に新規コンポーネントを作成しておくことで、スケッチやボディ、履歴が
> コンポーネント内で管理されるため、便利です。

　［挿入］-［SVG を挿入］で下側の平面を選択し、「heart.svg」ファイルを読み込みます。

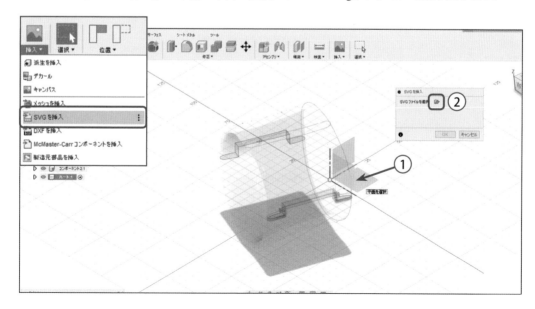

「平面 XY の尺度指定」で 3 を入力し、[スケッチを終了] でスケッチを終了します。

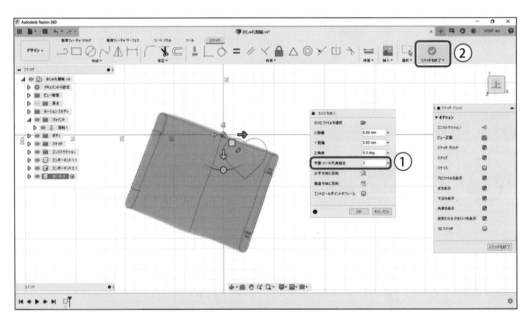

SVG ファイルは、Illustrator 等で扱えるベクターデータです。

Illustrator 側の単位設定が「ピクセル」の場合、1 ピクセル = 265/1000 mm で Fusion 360 に挿入されます。

Illustrator 側の単位設定が「mm」の場合、1 mm = 0.75 mm で Fusion 360 に挿入されます。

そのため、SVG を挿入する際に「平面 XY の尺度指定」で拡大 / 縮小をする必要があります。

ブラウザで、「コンポーネント1」、「コンポーネント2」を非表示にします。

［作成］-［フォームを作成］を選択し、［フォーム］モードに移行します。

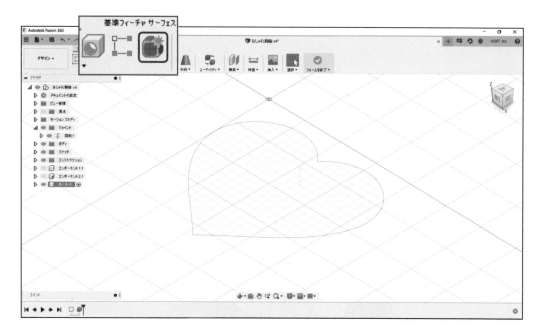

［作成］-「押し出し」でスケッチを選択し、「間隔」を「均一」、「面」を 12、距離を 2 mm、「正面の面」を 1 に設定します。

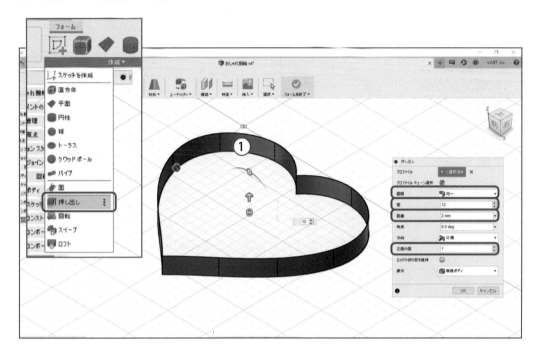

［修正］-［フォームを編集］で上端のエッジをダブルクリックして全選択し、Alt キー（Mac は Option キー）を押しながら内側に 0.5 倍に縮小します。

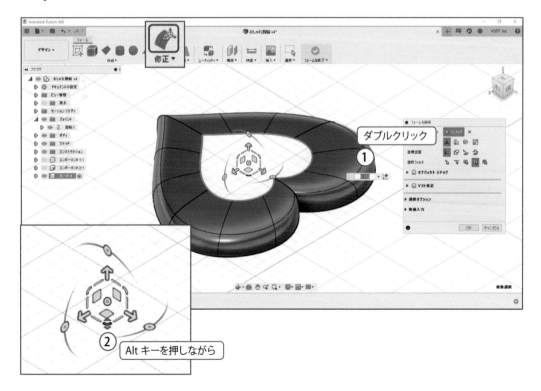

[修正]-[ブリッジ]で、プレビューにチェックを入れ、上側のエッジ4つ、下側のエッジ4つを選択します。「面：2」に設定し、プレビューを確認します。

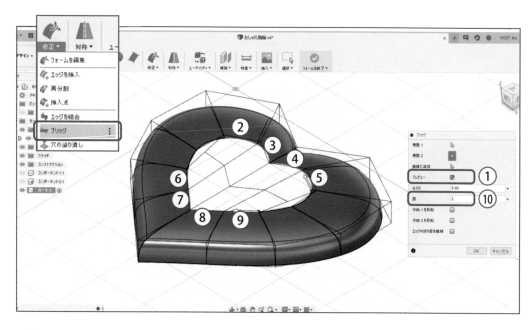

[ユーティリティ]-[表示モード]で任意の面を選択し、表示モードを「ボックス表示」に切り替えます。

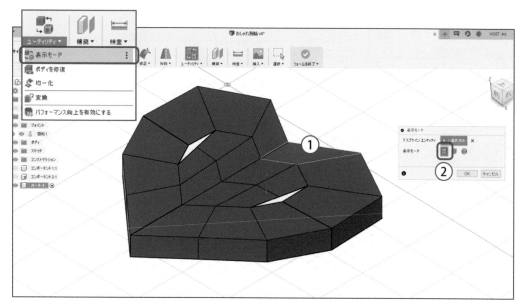

表示モードは、以下のショートカットキーでも変更できます（カッコ内はMac）。
「Altキー＋1」（controlキー＋1）：ボックス表示
「Altキー＋2」（controlキー＋2）：コントロールフレーム表示
「Altキー＋3」（controlキー＋3）：スムーズ表示

［修正］-［頂点を溶接］で頂点を選択し、穴を埋めます。

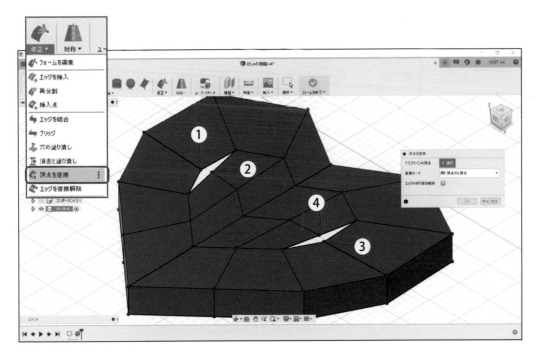

［ユーティリティ］-［表示モード］で任意の面を選択し、表示モードを「スムーズの表示」に切り替えます。

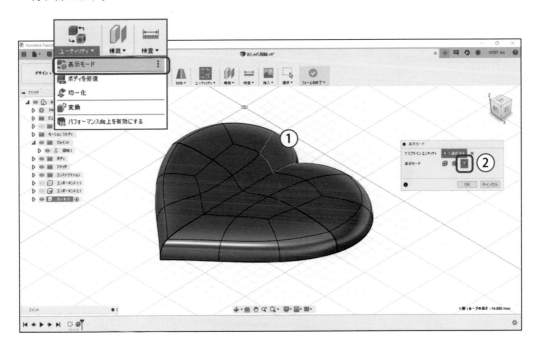

［検査］-［ゼブラ解析］で形状を選択します。

　ストライプがつながっていない箇所は、面が折れていたり、きれいにつながっていない箇所です。

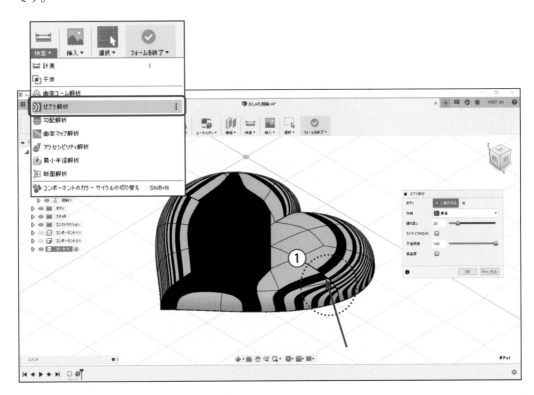

 ゼブラ解析で、ストライプを表示させた状態で画面を回転することで、フェイス同士のつながりを確認することができます。滑らかな曲面になっているかの確認に使用します。

　ブラウザで「ゼブラ 1」を非表示にします。

［修正］-［折り目解除］で、2つの領域を選択します。

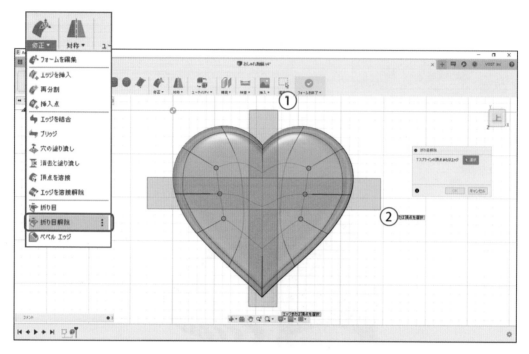

「折り目」が付いている箇所は、エッジが立った状態になっており、少し太いエッジで表現されています。折り目を解除することで滑らかなフェイスにしたり、［折り目］コマンドで角にしたりすることができます。

ブラウザで「ゼブラ1」のライトマークをONにすることで、再度面の曲率を確認することができます。

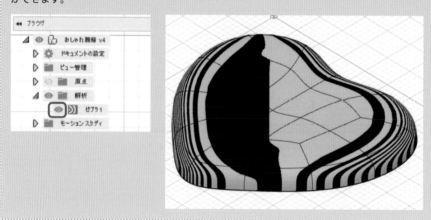

［ユーティリティ］-［表示モード］で任意の面を選択し、表示モードを「ボックス表示」に切り替えます。

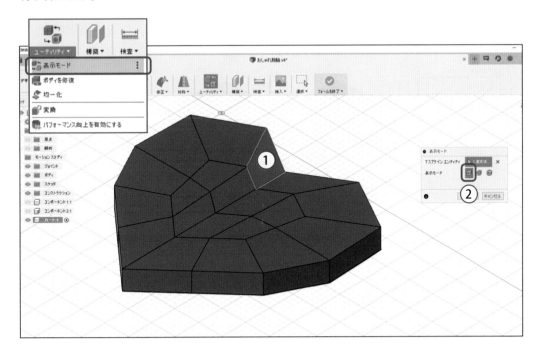

［対称］-［ミラー - 内部］で対称性をつけます。

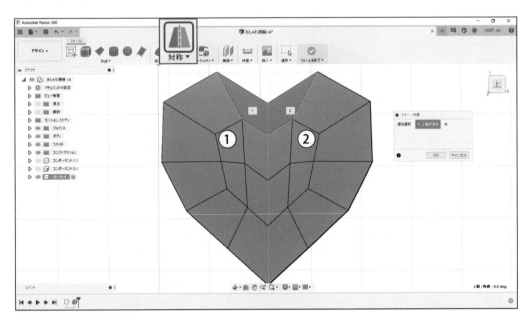

［修正］−［挿入点］で横断する直線のエッジを追加します。

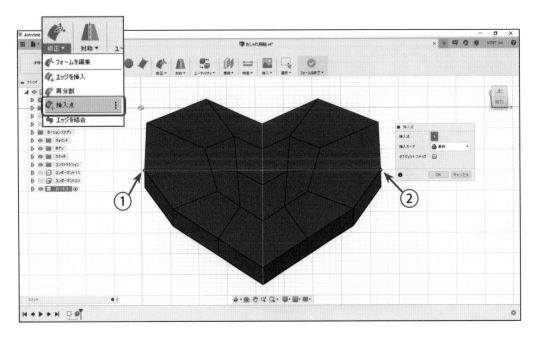

もともと有ったエッジをダブルクリックし、Delete キーでエッジを削除します。

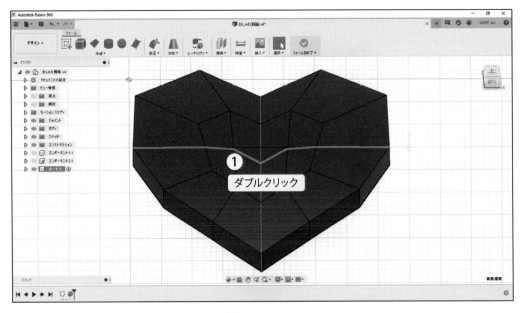

ボックス表示にした際に表示される面が、Tスプラインボディを制御しています。この面がきれいに整列し、きれいな面の流れになっていることで、歪みのないきれいな面になります。
［挿入点］でエッジを追加し、不要なエッジを削除することで、面が不用意に歪むのを防ぎながら、面を整えることができます。

［修正］-［フォームを編集］で内側のポイントの位置を以下のように調整します。

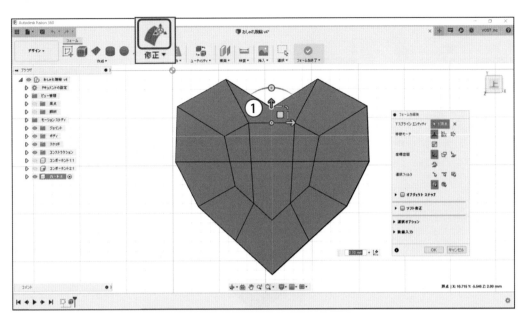

　中心部をシャープにするために、［修正］-［エッジを挿入］で「挿入側」を「両方」、「挿入位置」を 0.1 に設定し、エッジを挿入します。

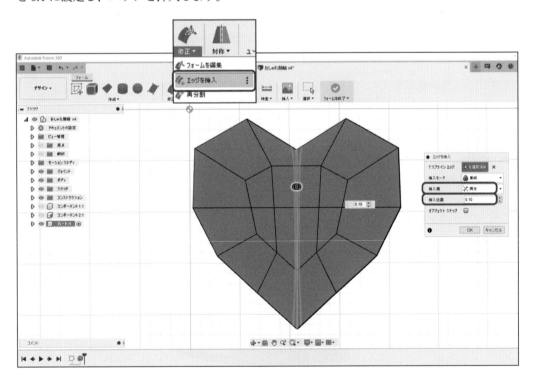

[ユーティリティ] - [表示モード] で「スムーズの表示」に切り替えて、全体を確認します。
中心部がシャープなった事がわかります。

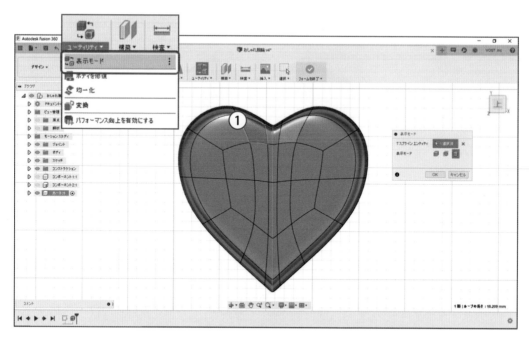

エッジ間の距離が近いほど、曲率が急になります。エッジ間の距離を調整することで、柔ら
かい緩やかな曲面や、急激に曲がるシャープな曲面を作ることができます。

[選択] - [選択範囲をペイント] を選択し、上面をドラッグで選択します。

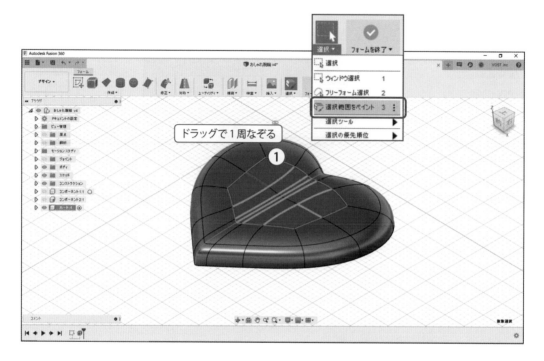

［修正］-［フォームを編集］で上方向に 0.3 mm 移動します。

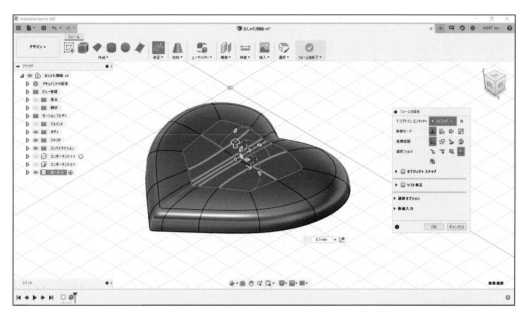

ブラウザで、「コンポーネント 1」と「コンポーネント 2」を
表示します。

［修正］-［移動 / コピー］でハート形状を移動します。

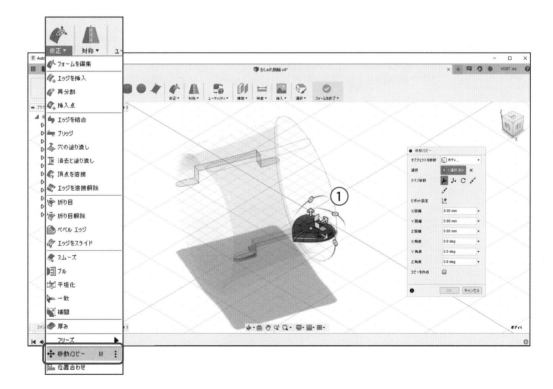

ViewCube で右から見た画面にし、上方向に 40 mm 移動します。

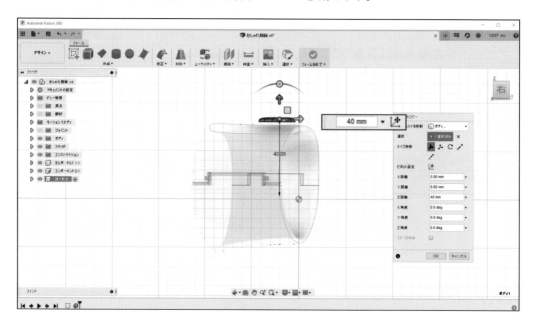

ViewCube で後から見た画面にし、−20 度回転して以下の位置に移動します。

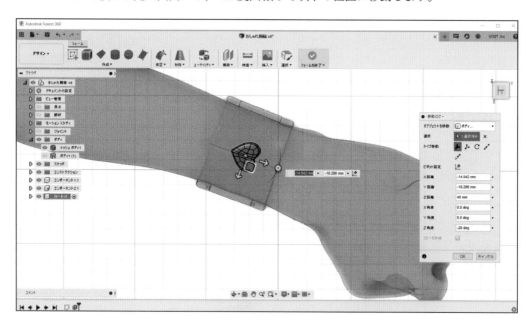

［修正］-［フォームを編集］で、下側のエッジをダブルクリックします。

「オブジェクトスナップ」にチェックを入れ、「スナップの方向」を「ワールド空間」に変更し、下方向に −3 mm 移動します。

「オブジェクトスナップ」を ON にすると、近くにある別の要素にスナップして移動します。

［フォームを終了］でフォームモードを終了します。

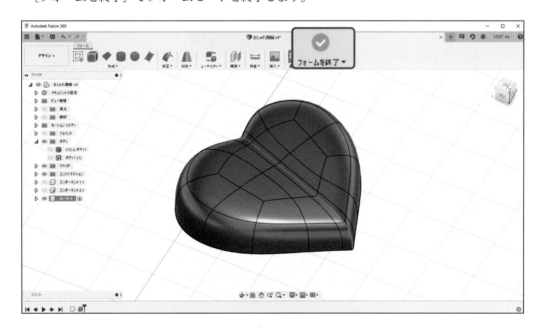

フェイスがすべて閉じていない状態で[フォームを終了]でフォームモードを終了すると、厚みが0のサーフェスとして[デザイン]作業スペースに戻ります。
サーフェスには表と裏があり、裏側は薄い黄色で表示されます。

10.9 [基準フィーチャ サーフェス]で装飾を完成しよう

ツールバータブを［基準フィーチャ　サーフェス］に変更します。

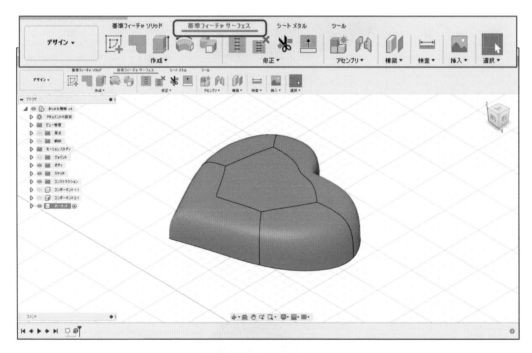

厚みが0のサーフェスを扱うことができる作業スペースが「基準フィーチャ サーフェス」です。この作業スペースで[押し出し]等を行うと、すべて厚みが0のサーフェスができます。

［修正］-［法線を反転］でサーフェスの表裏を反転します。

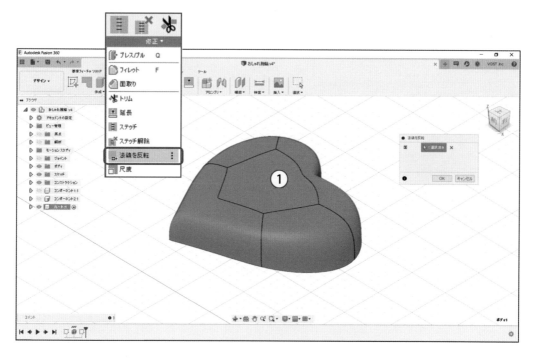

ハート型に模様をつけます。［スケッチを作成］でXY平面を選択します。

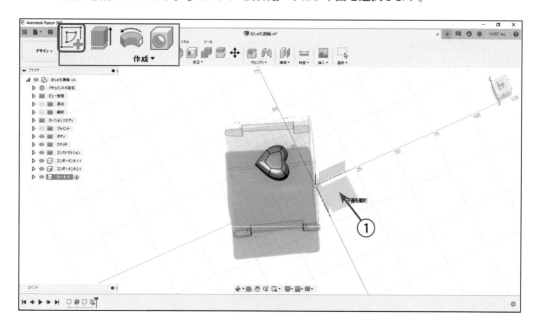

　[作成] - [線分] で形状と関連をつけないように Ctrl キー（Mac は ⌘キー）を押しながら、以下のような線分を作成します。

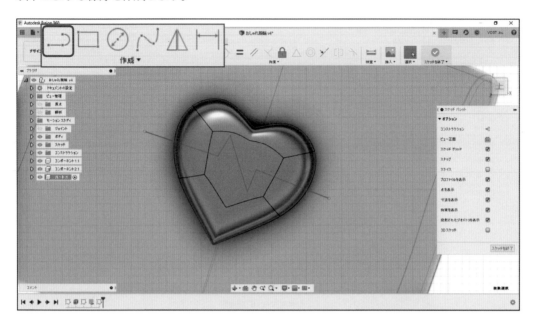

　[修正] - [オフセット] で 1.5 mm オフセットします。

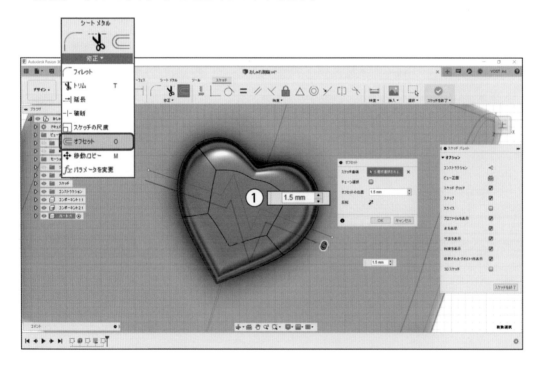

［作成］-［線分］で、両端を閉じる線を作成し、［スケッチを終了］でスケッチを終了します。

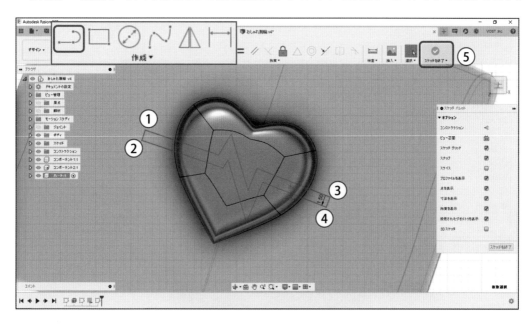

［修正］-［面を分割］で5つの面を選択し、分割します。

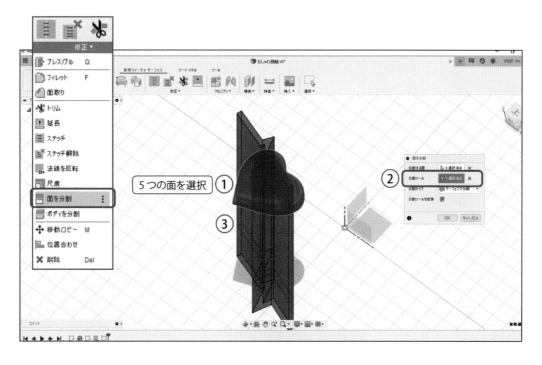

　［作成］-［厚み］で「チェーン選択」のチェックを外して 4 つの面を選択し、0.2 mm 厚みをつけます。

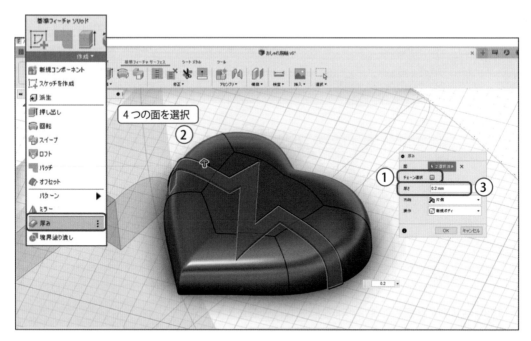

 ［厚み］コマンドはサーフェスに厚みを付けるコマンドです。実行した結果は、中身が詰まったソリッド形状になります。

　ブラウザで、「ハート」コンポーネントの中の「ボディ 1」を表示します。

　［作成］-［パッチ］で開いているエッジを選択します。

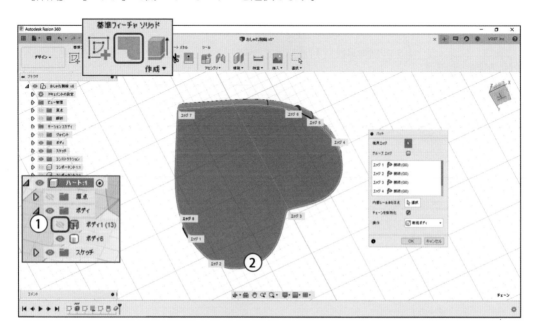

［修正］-［ステッチ］で2つのサーフェスを縫い合わせます。

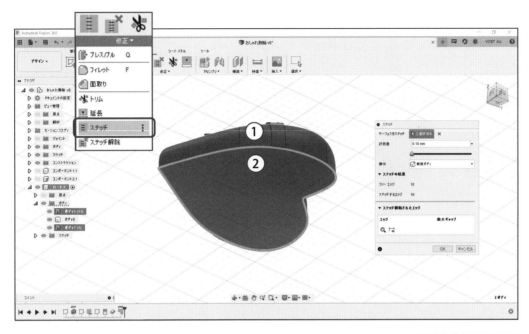

赤い境界線は開いたエッジ、緑の境界線は閉じたエッジを示しています。すべてのエッジが縫い合わされ、穴がなくなると、中が詰まったソリッド形状になります。

［基準フィーチャ　ソリッド］に戻ります。

ブラウザで、「コンポーネント1」と「コンポーネント2」を非表示にします。

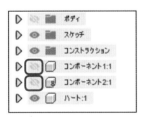

［修正］-［プレス / プル］で底面を 1 mm オフセットします。

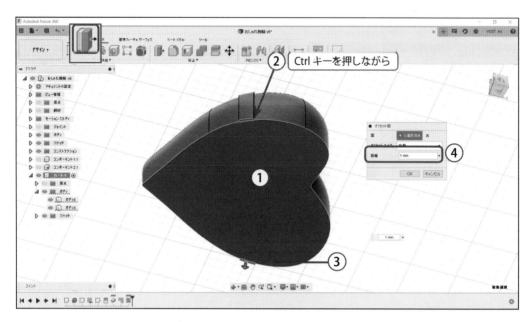

［修正］-［結合］で 2 つの形状を結合します。「ツールを維持」のチェックが外れている事を
確認します。

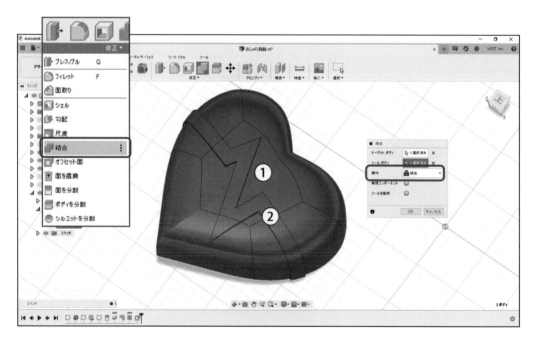

ブラウザで、「コンポーネント 1」と「コンポーネント 2」を表示します。

ブラウザの一番上のドキュメント名の［コンポーネ
ントをアクティブ化］のラジオボタンを選択します。

　［修正］‐［結合］で腕輪からハート型を切り取ります。「ツールの維持」にチェックを入れる
ことでハート型が残ります。

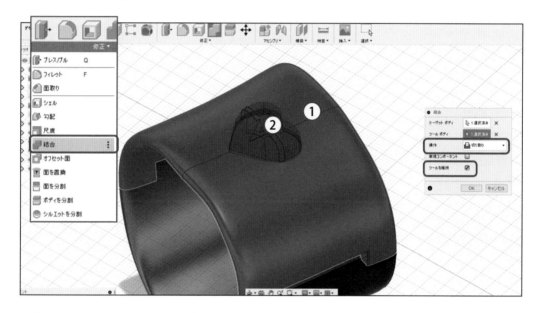

　［アセンブリ］‐［剛性グループ］で2形状を選択します。

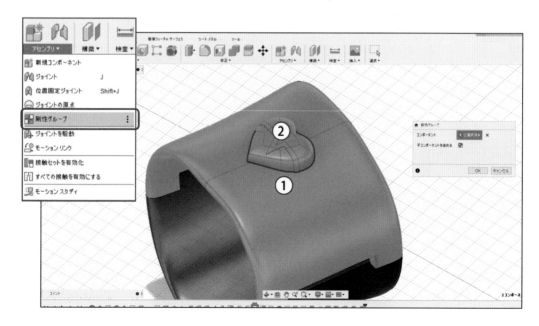

「剛性グループ」は、部品同士を同じ動きにする機能です。

ブラウザで、メッシュボディを表示します。

［修正］-［外観］で、［プラスチック］-［不透明］-［プラスチック - 光沢（白）］を腕輪に適用します。

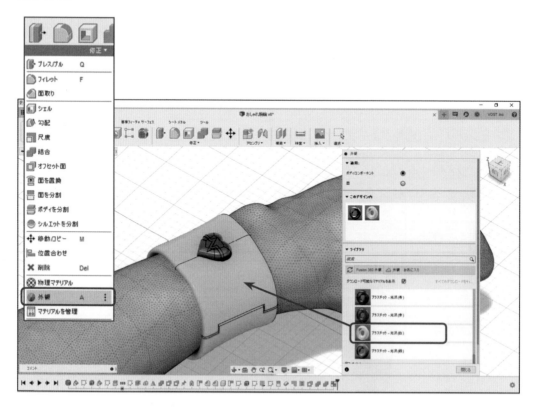

　同様に、［ペイント］-［メタル フレーク］-［ペイント - メタル フレーク（赤）］をハートに
適用します。

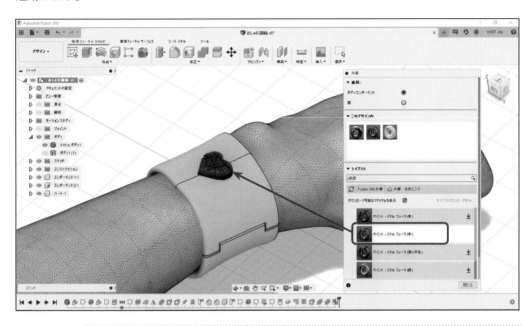

 初めて使用する外観の場合、「マテリアル
をダウンロード」を選択してダウンロード
後に適用します。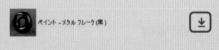

　「適用」を「面」に変更し、［ペイント］-［メタル フレーク］-［ペイント - メタル フレーク（黒）］
をマーク上面に適用します。

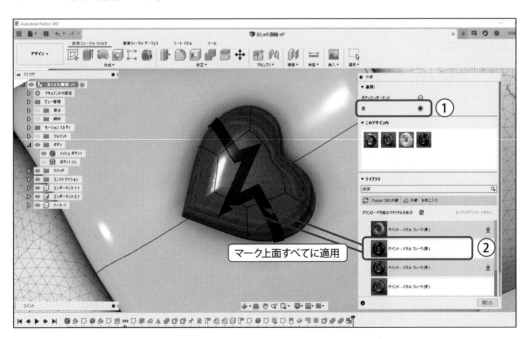

完成です！

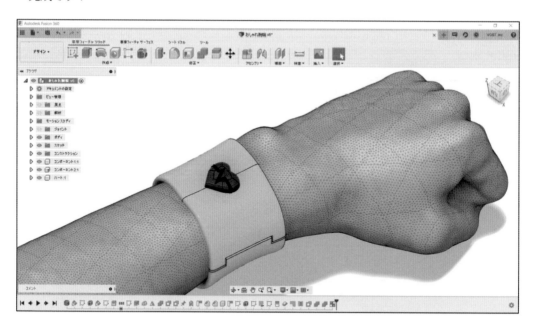

10.10 課題『巣箱』（スキャンデータの活用）

以下の画像の巣箱を作ってみましょう。

完成品

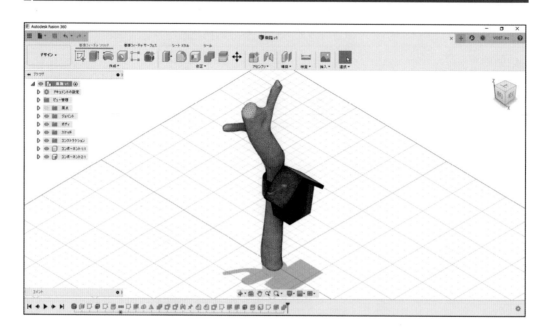

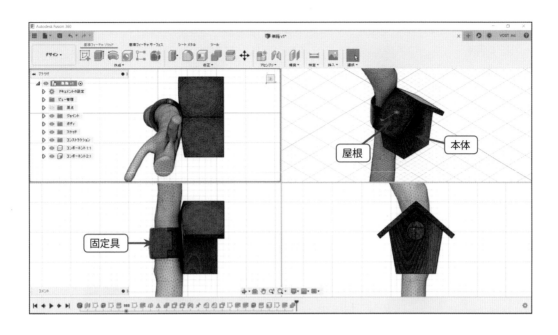

作成の条件

- 木のデータは、以下の URL を検索し、巻末の袋とじ内に記されているナンバーを入力してダウンロードしてください。

  https://cad-kenkyujo.com/book/（「スリプリブック」で検索）
- 固定具は、下から 515 mm の位置から上に作成します。
- 固定具の基本となるサーフェスは高さ 130 mm、「面」を 16、「正面の面」を 8 に設定します。
- 固定具と木の隙間は 5 mm に設定します。
- 固定具の厚みは 20 mm に設定します。

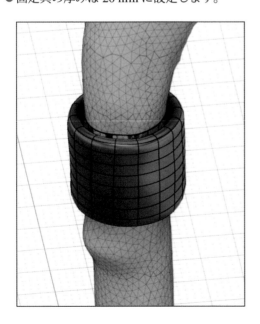

● 固定具の蝶番部は以下のスケッチを使用します。このスケッチで分割し、固定具は 2 部品にします。

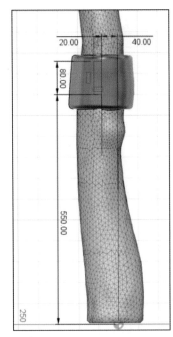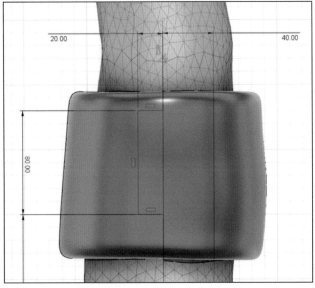

● 固定具の蝶番部の突起は以下のスケッチを使用します。

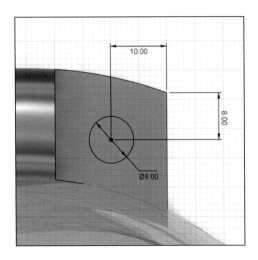

● 固定具の蝶番部の突起は 10 mm で、テーパを –3 度つけます。

● 固定具の蝶番部の穴側のコンポーネントは全体の隙間を 2 mm、穴部分の隙間を 0.5 mm に設定します。

● 固定具を正面から見て右側の部品を固定し、蝶番部には「回転」のジョイントを付加します。

●固定具の蝶番部の穴側のコンポーネントに 5 mm の面取りを作成します。

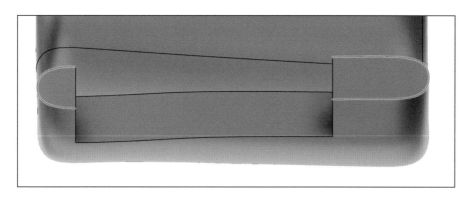

●固定具の蝶番部の突起側のコンポーネントに 5 mm の面取りを作成します。

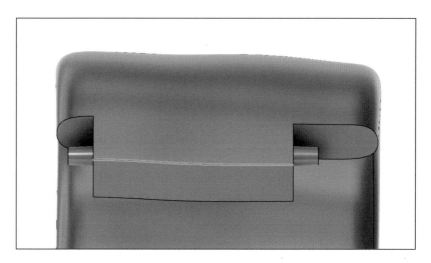

●固定具の蝶番部の突起側のコンポーネントに 2 mm 隙間を大きくします。

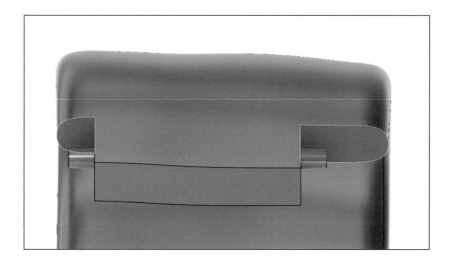

● 巣箱は以下のスケッチを作成します。底面のスケッチは、木の根本から 450 mm にします。

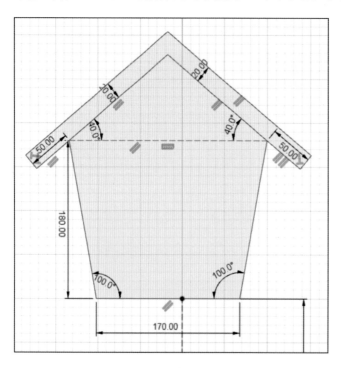

● 巣箱の奥行は本体 250 mm、屋根 280 mm で作成します。

● 本体と屋根は別部品として作成します。

● 本体と屋根を木に沿った形にするため、下図の様に、本体と屋根より長い木に沿った面を作成します。

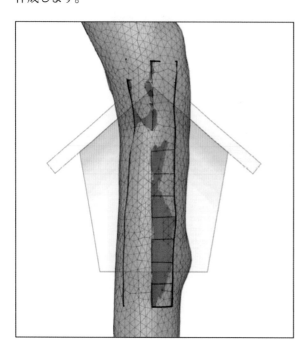

● 木の表面から 15 mm の隙間をつくり、両端を伸ばして本体と屋根をカットする大きな面を作成します。

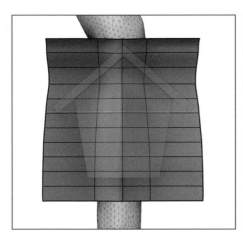 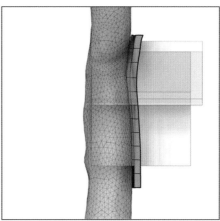

● 本体の屋根側はくり抜き、壁の厚みは 10 mm にします。
● 本体の穴は以下のスケッチを使用します。

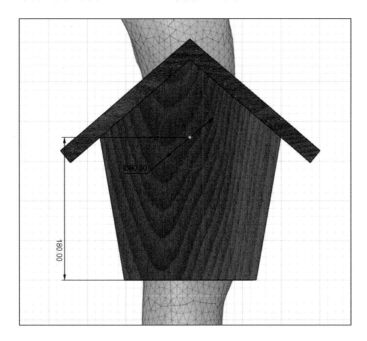

● 本体と固定具は結合します。

作成のヒント

※以下の作成方法はあくまで一例です。いろいろな作り方を試してみてください。

①［作成］-［メッシュを作成］でメッシュをインポートできます。
②木の下から 515 mm の位置に固定具を作成するために、［オフセット平面］を使用します。

ブラウザの原点で平面を表示し、オフセットします。

③固定具は［フォーム］作業スペースで基本形状を作成します。

④各パーツの基本の形ができたら、コンポーネント化し、アクティブなコンポーネントを切り替えながら作業することで、他の形状に自動で透明度がつくため、作業しやすくなります。

⑤木に沿った面を利用して、［ボディを分割］で本体と屋根をカットします。

⑥本体と屋根をカットするための面は、フォームモードの［作成］-［平面］で作成できます。

⑦本体と屋根をカットするための最初の面を、［修正］-［プル］を行う前に木の表面のそばまで移動させておくと、［修正］-［プル］の結果がきれいになります。

今回のモデル作成のための推奨コマンド

- ●［構築］-［オフセット平面］
- ●［作成］-［メッシュを作成］（モデル）
- ●［作成］-［メッシュを挿入］（メッシュ）
- ●［作成］（スケッチ内）-［円］-［中心と直径で指定した円］
- ●［作成］-［押し出し］（フォーム）
- ●［修正］-［プル］（フォーム）
- ●［修正］-［厚み］（フォーム）
- ●［修正］-［補間］（フォーム）
- ●［修正］-［ブリッジ］（フォーム）
- ●［作成］（スケッチ内）-［線分］
- ●［作成］（スケッチ内）-［スケッチ寸法］
- ●［作成］（スケッチ内）-［長方形］-［2 点指定の長方形］
- ●［作成］（スケッチ内）-［トリム］
- ●［修正］-［ボディを分割］
- ●［アセンブリ］-［新規コンポーネント］
- ●［作成］-［押し出し］
- ●［構築］-［中立面］
- ●［作成］-［ミラー］
- ●［修正］-［結合］
- ●［修正］-［プレス / プル］
- ●［アセンブリ］-［位置固定ジョイント］
- ●［修正］-［面取り］
- ●［作成］-［平面］（フォーム）
- ●［修正］-［フォームを修正］（フォーム）
- ●［修正］-［シェル］
- ●［修正］-［結合］

解答

解答は、以下URLにてご紹介しております。

https://cad-kenkyujo.com/book/ (「スリプリブック」で検索)

10.11 課題『蝶のチャーム』(サーフェスモデリング)

以下の画像の蝶のチャームを作ってみましょう。

完成品

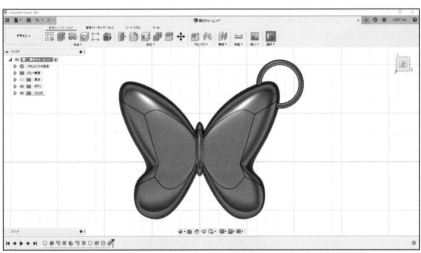

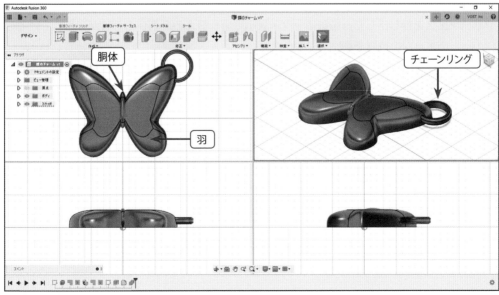

作成の条件

● 羽の基本とする SVG データは、以下の URL を検索し、巻末の袋とじ内に記されているナンバーを入力してダウンロードしてください。

https://cad-kenkyujo.com/book/（「スリプリブック」で検索）

● 羽の基本となるサーフェスは、「距離」を 2 mm、「面」を 24、「正面の面」を 1 に設定します。

● 羽は左右対称に作成して下さい。

● 羽の折り目は全て解除します。

● 羽の真ん中の面は盛り上げます。

● 胴体は別ボディで作成します。

● チェーンリングは直径 5 mm と 4 mm の円で作成します。

● チェーンリングはチャームの下の平面から 0.5 mm 上に作成します。

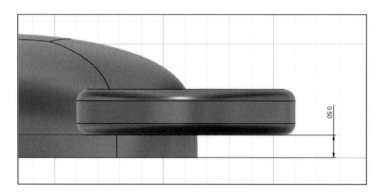

● チェーンリングは厚さ 1 mm でエッジに 0.25 mm のフィレットをつけます。

作成のヒント

※以下の作成方法はあくまで一例です。いろいろな作り方を試してみてください。

① サーフェスを押し出した直後にボックス表示に切り替えると胴体の部分が交差しているので、予めエッジの位置を調整しておきます。

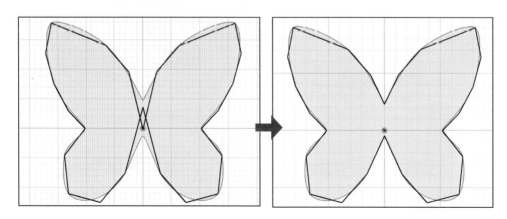

②上面は上下それぞれ 8 本のエッジで［修正］-［ブリッジ］を使用します。

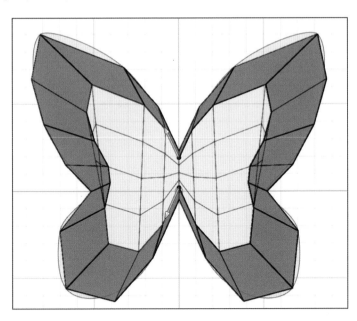

③角のポイントは［修正］-［頂点を溶接］でつなぎます。

④［修正］-［挿入点］とエッジの削除で面の流れを整えるときれいな形になります。

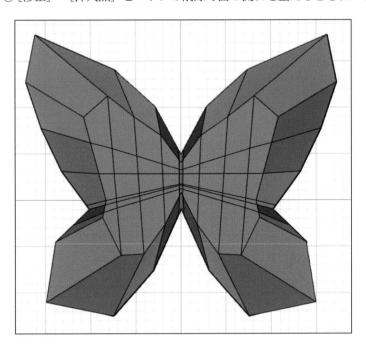

⑤羽の中央部は以下のように盛り上げます。

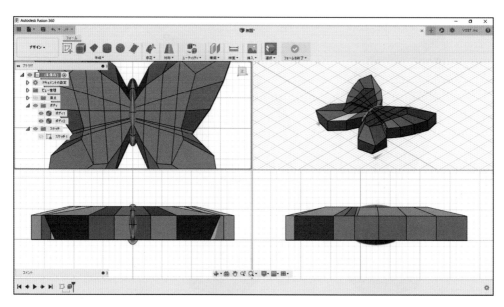

⑥羽の底面は、[基準フィーチャ　サーフェス] で [作成] - [パッチ] で作成し、[修正] - [ステッチ] で縫い合わせます。

⑦胴体は [作成] - [クワッドボール] を使用し、「スパンの面」を2に設定して作成します。

⑧チェーンリングのスケッチはチャームの底面の平面に作成し、「開始：オフセット平面」のオプションを使用すると 0.5 mm 上に作成できます。

今回のモデル作成のための推奨コマンド

- [挿入] - [SVG を挿入]
- [作成] - [押し出し]（フォーム）
- [修正] - [フォームを編集]（フォーム）
- [修正] - [ブリッジ]（フォーム）
- [修正] - [頂点を溶接]（フォーム）
- [修正] - [挿入点]（フォーム）
- [作成] - [クワッドボール]（フォーム）
- [作成] - [パッチ]（サーフェス）
- [修正] - [ステッチ]（サーフェス）
- [修正] - [結合]
- [修正] - [ボディを分割]
- [作成]（スケッチ内）- [円] - [中心と直径で指定した円]
- [作成] - [押し出し]
- [修正] - [フィレット]

解答

解答は、以下URLにてご紹介しております。

https://cad-kenkyujo.com/book/（「スリプリブック」で検索）

索 引

Memo

■ 著者プロフィール

三谷 大暁（みたに・ひろあき）

株式会社 VOST 最高技術責任者

1984 年鳥取県倉吉市生まれ。

横浜国立大学在学中に「ものづくり」に興味を持ち、製造業に飛び込む。

3D CAD/CAM ソフトウェアを通じて多数のコンサルティングの経験を持ち、製品設計・金型設計・マシニング加工等、「設計から製造」までの幅広い業種の知識を生かした現場目線の問題解決を得意とする。

誰でも「ものづくり」ができる世界を目指し、株式会社 VOST の立ち上げメンバーとして参画。

別所 智広（べっしょ・ともひろ）

株式会社 VOST 代表取締役

1983 年東京都豊島区生まれ。

横浜国立大学工学部在学中に独学で経営学を学ぶ。

IT ベンダーにて製造業向けのシステム営業を経験後、3D CAD/CAM メーカーにてテクニカルコンサルティングに従事。

外資系 CAD/CAM メーカーで経験を積む傍ら、企業だけではなく個人が最新技術を活用して「ものづくり」ができる世界を目指し、株式会社 VOST を設立。

坂元 浩二（さかもと・こうじ）

株式会社 VOST DD

1985 年大阪府豊中市生まれ。

武蔵工業大学（現 東京都市大学）にて情報メディアを学ぶ。

CAD 技術者という経歴と海外の放浪経験で培った独特の感性を活かして、WEB 構築やデザインを行う。

日本の「ものづくり」を世界に発信する基地局となることを目指し、株式会社 VOST の立ち上げメンバーとして参画。

大塚 貴（おおつか・たかし）

株式会社 VOST シニアエンジニア

1983 年愛知県愛知郡東郷町生まれ。

東京大学大学院在学中に「ものづくり」に興味を持ち、卒業後に 3D CAD/CAM ベンダーに就職。

製品化業務を通じて、設計から加工まで幅広くソフトウェアに携わる中、その経験を活かし CAD/CAM の総合的な運用コンサルティング業務にも従事。

株式会社 VOST の目指す世界に共感し、メンバーとして参画。

協力：オートデスク株式会社 清水 元、渋谷 美幸、臼木 菜穂

次世代クラウドベース 3DCAD

Fusion 360 操作ガイド スーパーアドバンス編
フュージョン　スリーシックスティー
2020 年版

2016 年 12 月 10 日　初版第 1 刷発行
2020 年　3 月 10 日　第 3 版第 1 刷発行

著　者	スリプリ（株式会社 VOST）　三谷 大暁／別所 智広／坂元 浩二／大塚　貴
発行人	石塚 勝敏
発　行	株式会社 カットシステム
	〒 169-0073 東京都新宿区百人町 4-9-7　新宿ユーエストビル 8F
	TEL （03）5348-3850　　FAX （03）5348-3851
	URL　http://www.cutt.co.jp/
	振替　00130-6-17174
印　刷	シナノ書籍印刷 株式会社

本書に関するご意見、ご質問は小社出版部宛まで文書か、sales@cutt.co.jp 宛に e-mail でお送りください。電話によるお問い合わせはご遠慮ください。また、本書の内容を超えるご質問にはお答えできませんので、あらかじめご了承ください。

Cover design　Y.Yamaguchi　　© 2018 三谷大暁／別所智広／坂元浩二／大塚 貴
Printed in Japan　ISBN978-4-87783-476-0

次世代クラウドベース 3DCAD/CAM
Fusion 360 操作ガイド CAM・切削加工編 1
2019 年版

スリプリ（株式会社 VOST）
三谷 大暁／大塚 貴／濵谷 健史　共著
B5 判、フルカラー
ISBN978-4-87783-454-8

購入者特典
WEB で見れる！
課題の回答と動画

楽しい題材をもとに、基本的な機能や卓上 CNC で加工する際の考え方が身に付く内容になっています。「欲しいモノをいつでも作れる」すばらしさを体験してください。

主要目次

次世代クラウドベース 3DCAD/CAM
Fusion 360 操作ガイド CAM・切削加工編 2
2019 年版

スリプリ（株式会社 VOST）
三谷 大暁／大塚 貴／濵谷 健史　共著
B5 判、フルカラー
ISBN978-4-87783-455-5

購入者特典
WEB で見れる！
課題の回答と動画

CAM 機能の基本的な操作と、ローランド ディー.ジー.株式会社様、株式会社オリジナルマインド様の協力を得て、卓上 CNC の基本的な使い方を学習します。

主要目次